KB062566

O.K 영어회화

국제언어교육연구회

태을출판사

21세기 글로벌 시대에 외국어 구사능력은 선택의 문제가 아닌 생존의 조건입니다.

영어는 기본이고 중국어·일본어·독일어·불어·서반아어 등 제2외국어를 소홀히 하다간 국내에서는 물론이고 국가 간 경쟁에서도 뒤쳐질 수밖에 없기 때문입니다.

교육전문가들은 생활외국어를 제대로 익히기 위해선 외국어 교육이 혁신되어야 한다고 말합니다.

10년 이상 배워봐야 말 한마디 제대로 못하는 학교 영어 교육의 개편과 함께 제2외국어 교육의 내실화가 시급하다는 지적입니다.

외국어는 어렵습니다. 그러나 누구든지 할려고만 하면 '쉽게' 정복할 수가 있습니다.

이렇게 말하면 더러는 발론(反論)을 제기하는 사람도 있을 것입니다. 그러나 그것은 외국어의 근본을 모르고 있는 사람들의 한갓 변명에 불과할 뿐입니다. 어렵게 생각하면 이 세상의 모든 일들이 다 '어려운' 것입니다.

외국 사람들은, 세계에서 가장 배우기 힘든 '언어' 속에

'한국어'를 포함시키고 있습니다. 그 어려운 언어를 우리는 지금 자유자재로 구사하고 있습니다. 우리는 우리말에 대하여 어렵다고 생각해 본 적이 없습니다. 어린 시절, 걸음마를 배우면서부터 우리 자신도 모르게 낱말 한두 개씩을 중얼거리며 익혀오던 우리말입니다. 아직 엄마의 젖을 물고 있던 그 시절, 이미 우리는 무슨 말이든지 의사를 표현하고 받아들일 수가 있었습니다. 아주 자연스럽게 말입니다.

외국어도 이와 마찬가지입니다. 스스로 어렵다는 생각을 버릴 때, 비로소 쉬워지는 것이 외국어입니다.

우리가 어린 시절 수 년에 걸쳐서 우리말을 생활속에서 터득하였듯이, 외국어도 단시일 내에 뿌리까지 뽑겠다는 생각을 한다면 그것은 무리입니다. 단시일에 마스터 하겠다는 그 생각이 바로 외국어를 어렵게 만드는 것입니다.

쉽게 생각하고 쉽게 덤벼들면 쉽게 정복할 수 있는 것이 바로 외국어입니다.

지금 바로 이 순간부터 한번 시도해 보십시오. 당신은 이 책을 가까이 두고 실생활에서 익히는 동안 충분히 실감하게 될 것입니다.

국제언어교육연구회

제1부

곡 알아야 할 기본문법

1. 발 음(pronounciation)

▶**음성의 종류** (모음과 자음으로 구분)

모음

장 모 음	[iː] [ɑː] [əː] [ɔː] [uː]
단 모 음	[e] [æ] [i] [ɔ] [o] [u] [ə] [ʌ] [ɑ]
이중모음	[au] [ai] [ei] [ɛə] [ɔə] [ɔi] [iə] [uə]

자음

유 성 음	[b] [d] [g] [l] [m] [n] [ŋ] [v] [ð] [z] [dʒ] [ʒ] [r] [w] [j]
무 성 음	[f] [k] [p] [t] [s] [ʃ] [tʃ] [θ]

(1) 모음(Vowels)

성대에서 울려 나오는 소리로써 입안의 아무 곳에
서도 장애를 받지 않는 소리이다.

① 단모음 : 짧게 발음되는 모음

   [e] : hell[hel], help[help], nest[nest]

   [æ] : manner[mǽnər], map[mæp], bank[bæŋk]

   [i] : lily[líli], hit[hit], give[giv]

[ɔ] : long[lɔŋ], fond[fɔnd], of[ɔv], office[ɔ́fis]

[o] : omit[omít]

[u] : foot[fut], took[tuk], book[buk]

[ə] : Korea[kəríə], America[ənérikə]

[ʌ] : uncle[ʌ́ŋkl], bud[bʌd], something[sʌ́mθiŋ]

② 장모음 : 길게 발음되는 모음

[iː] : easy[íːzi], each[iːtʃ], beef[biːf]

[ɑː] : far[fɑːr], dark[dɑːrk], car[kɑːrk],
      bark[bɑːrk]

[əː] : earth[əːrθ], early[ə́ːrli]

[ɔː] : law[lɔː], horse[hɔːrs], fork[fɔːrk]

[uː] : school[skuːl], tooth[tuːθ], root[ruːt]

③ 이중모음 : 두 개의 모음을 연달아 발음하는 것
   으로, 앞의 모음은 길고 세게 발음하고 뒤의 모
   음은 짧고 약하게 발음한다.

[ei] : day[dei], may[mei], say[sei]

[ɑi] : eye[ai], sky[skɑi], shine[ʃɑin]

[ɑu] : how[hau], house[haus]

[ou] : holy[hóuli], home[houm]

[ɔi] : soy[sɔi], boy[bɔi]

(2) 자음(consonants)

혀 · 코 · 이 · 입술 따위에 의하여 장애를 받으면
서 나오는 소리를 자음이라 한다. 그 중에서 성대가
진동하며 나는 소리를 **유성음**이라 하고 성대가 진동
하지 않는 소리를 **무성음**이라 한다.

자음 중에서 중요한 몇 가지 예를 들어보자.

[g] : go[gou], gift[gift], good[gud]

[ŋ] : song[sɔŋ], shopping[ʃɔ́piŋ]

[ð] : them[ðem], this[ðis]

[θ] : think[θiŋk], thick[θik], month[mʌnθ]

[ʃ] : shoulder[ʃóuldər], shoe[ʃuː], shock[ʃɔk]

[tʃ] : cheap[tʃiːp], cheek[tʃiːk], cheese[tʃiːz]

[s] : same[seim], salesman[séilzmən]

[z] : zero[zíərou], zoo[zuː], please[pliːz]

[f] : free[friː], French[frentʃ]

2. 글의 형식

(1) 제1형식 : S + V(완전자동사)

Birds sing.(새가 노래한다)
  S   V

The sun rises in the east(해는 동쪽에서 뜬다)
     S   V   (수식어)

(2) 제2형식 : S + V(불완전자동사) + C

I am a teacher.(나는 선생님이다)
S V   C

Time is money.(시간은 돈다)
  S V   C

(3) 제3형식 : S + V(완전타동사) + O

My mother speaks French very well.
     S   V   O
(나의 어머니는 불어를 아주 잘하십니다)

She takes care of her baby.
S   V   O
(그녀는 그녀의 아기를 돌본다)

(4) 제4형식 : S + V(수여동사) + I.O + D.O

My brother bought me a dictionary.
    S   V I.O   D.O
(나의 오빠는 나에게 사전을 사주셨다)

My students asked me some questions.
    S   V   I.O   D.O

(나의 학생들은 나에게 몇 가지 질문을 했다)

(5) 제5형식 : S + V(불완전타동사) + O + C

My mother made me a teacher.
     S   V   O   C

(나의 어머니는 나를 선생님으로 만들었다)

We call him Tom.
 S V O C

(우리는 그를 탐이라고 부른다)

3. 명사(Noun)

생물 · 무생물의 이름을 나타내는 말을 명사라 한다.

(1) 보통명사

같은 종류의 동물 · 사물에 두루 쓰이는 명사로 일
정한 모양을 갖추고 있기 때문에 셀 수 있다.

보기 book, dog, boy, flower, woman, table

(2) 집합명사

사람 또는 사물의 집합체를 나타내는 것으로 셀 수 있는 명사.

보기 class, family, people

(3) 고유명사

인명, 지명이나 특정한 사물의 이름으로 쓰이는 명사로써 셀 수 없는 명사.

보기 America, Seoul, John, Mt. Everest

(4) 물질명사

물질의 이름을 나타내는 명사로써 일정한 모양을 갖추고 있지 않으므로 셀 수 없는 명사.

보기 gas, air, water, sugar, snow, paper

(5) 추상명사

사람이나 사물의 성질 · 동작 · 상태 등의 추상적인 개념을 나타내는 것으로 셀 수 없는 명사.

보기 hope, life, beauty, time, love, happiness

4. 형용사

▶형용사의 용법

① 한정용법 : 형용사가 명사의 앞 또는 뒤에서 그 명사를 수식하는 경우

보기 We have a beautiful garden.
(우리는 아름다운 정원을 가지고 있다)

② 서술용법 : 형용사가 보어로 쓰여 명사 또는 대명사를 간접적으로 수식하는 경우

보기 The girl is kind.
(그 소녀는 친절하다)

The story is interesting.
(그 이야기는 재미있다)

5. 부사

▶부사의 용법

동사, 형용사, 다른 부사를 수식한다.

보기 She runs fast. 〈동사수식〉
(그녀는 빨리 뛴다)

He is very clever. 〈형용사수식〉
(그는 매우 영리하다)

6. 동사의 시제

▶ 기본시제

① 현재 : 현재의 사실, 상태, 습관적 동작을 나타냄.

보기 I feel bad now.
(나는 지금 기분이 안좋다)

② 과거 : 과거의 동작, 상태, 습관적 동작을 나타냄.

보기 My friend went to church yesterday.
(나의 친구는 어제 교회에 갔다)

③ 미래 : 미래의 동작, 상태를 나타냄.

보기 I will play the piano.
(난 피아노를 칠 것이다.)

제 2 부

기초 영어회화

❶ 김 선생님, 안녕하세요.

---

❷ 인숙아 안녕.

---

❸ 어떻게 지내고 계세요?

---

❹ 아주 잘있어. 너는?

---

❺ 저도 잘있어요.

WORDS & PHRASES

- Good : 좋은
- morning : 아침(아침 인사 때 쓰임)
- Mr. : 남자를 칭할 때 쓰임
- How : 어떻게
- are : 우리 말의 '입니다'에 해당
- you : 당신(상대방을 가리킬 때 쓰임)
- Fine : (상태, 기분) 좋은
- thank you : 감사합니다.

굿 모닝
Good morning

① 굿 모닝 미스터 김
Good morning, Mr.Kim.

② 굿 모닝 인숙
Good morning, In Sook.

③ 하우 아 유
How are you?

④ 화인 땡큐 앤 듀
Fine, thank you. And you?

⑤ 화인
Fine.

기본적인 인사

▶처음 뵙겠습니다.
하우 두 유 두
How do you do?

▶만나서 반갑습니다.
나이스 투 밋 추
Nice to meet you?

▶저 역시 만나서 반갑습니다.
하우 두 유 두
How do you do?

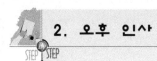
❶ 순자야, 안녕.

----

❷ 진호야, 안녕.

----

❸ 너 뭘하고 있니?

----

❹ 난 숙제하고 있어.

----

❺ 무슨 숙제인데?

----

❻ 영어 숙제야.

WORDS & PHRASES 32

- afternoon : 오후(오후에 만나서 인사할 때)
- What : 무엇   • that : 저것
- do : 하다(~ing 가 붙으면 진행형이 됨)
- I : 나, am : 어떻게   • homework : 숙제
- I'm : I am 의 줄임말   • English : 영어
- my : 나의(I 의 소유격) • is : 입니다(3 인칭 단수)

24

굿 애후터눈
Good afternoon

1 굿 애후터눈 순자
Good afternoon, Soon Ja.

2 굿 애후터눈 진호
Good afternoon, Jin Ho.

3 홧 아 유 두잉
What are you doing?

4 아임 두잉 마이 홈워크
I'm doing my homework.

5 홧 이즈 댓 홈워크
What is that homework?

6 잇츠 잉글리쉬 홈워크
It's English homework.

아는 사이의 인사

▶ 재미 어떠세요.
하우 아 유 두잉
How are you doing?

▶ 늘 그래요.
어바웃 더 쎄임
About the same?

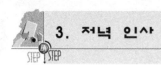

3. 저녁 인사

STEP STEP ◀

❶ 아주머니, 안녕하세요.

----

❷ 상호야, 안녕.

----

❸ 너 우유 좀 마실래?

----

❹ 아니, 괜찮습니다.

----

❺ 너 몹시 피곤해 보이는구나.

----

❻ 곧 잠자리에 들어야겠어요.

WORDS & PHRASES 🎵

- evening : 저녁
- some : 약간, 좀
- look : 보다
- tired : 피곤한
- go to bed : 잠자리에 들다
- soon : 곧

- want : 원하다.
- milk : 우유
- very : 매우

굿 이브닝
Good evening

① 굿 이브닝 앤트
Good evening, Aunt.

② 굿 이브닝 상호
Good evening, Sang ho.

③ 두 유 원트 썸 밀크
Do you want some milk?

④ 노우 땡 큐
No, thank you.

⑤ 유 룩 베리 타이어드
You look very tired.

⑥ 아임 고잉 투 베드 순
I'm going to bed soon.

기분이 좋아 보일 때

▶ 기분이 좋아 보이십니다.
유아 룩킹 베리 굿
You're looking very good.

▶ 고마워요. 기분 좋습니다.
땡큐 아이 피어 굿
Thank you. I feel good.

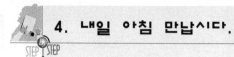

4. 내일 아침 만납시다.

STEP STEP ◀

❶ 지금 전 잠자리에 들어야 할 것 같은데요.

내일 아침 일찍 일어나야 하거든요.

❷ 특별한 계획이라도 있습니까?

❸ 예, 전 아저씨댁을 방문할 계획입니다.

❹ 당신의 아저씨는 어디서 삽니까?

❺ 안양요.

내일 아침 만납시다.

WORDS & PHRASES

- **I'd better** : I had better(하는 편이 낫다)
- **early** : 일찍
- **special plan** : 특별한 계획

28

씨 유 투모로우 모닝
See you tomorrow morning.

① 아이드 베터 고우 투 베드 나우
I'd better go to bed now.

아이 머스트 겟 업 얼리 모닝 투모로우
I must get up early morning tomorrow.

② 듀 유 해브 애니 스페셜 플랜
Do you have any special plan?

③ 예스 아이 엠 스케줄드 투 비짓 마이 엉클스
Yes, I am scheduled to visit my uncle's.

④ 훼어 더즈 히 리브
Where does he live?

⑤ 안 양
An yang.

씨 유 투모로우 모닝
See you tomorrow morning.

WORDS & PHRASES ㉜

- visit : 방문하다
- uncle's : uncle's house
- live : 살다

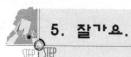

5. 잘가요.

STEP STEP ◀

❶ 어디에 가세요.

---

❷ 저희 회사 사장님을 만나러 가요.

---

❸ 왜요.

---

❹ 곧 집에 가야만 하거든요.

제 부인이 몹시 아파요.

---

❺ 참 안됐군요.

서두르십시오.

---

❻ 잘가요.

---

❼ 안녕히 가세요.

굿 바이
Good bye

❶ 훼어 아 유 고잉
Where are you going?

❷ 아이엠 고잉 투 밋 마이 보스
I am going to meet my boss.

❸ 화이
Why.

❹ 비코오즈 아이 머스트 고우 홈 순
Because I must go home soon.

마이 와이프 이즈 베리 씨크
My wife is very sick.

❺ 아이엠 쏘리 투 히어 댓
I am sorry to hear that.

유드 베터 허리 업
You'd better hurry up.

❻ 굿 바이
Good bye.

❼ 굿 바이
Good bye.

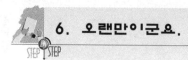

❶ 참 오랜만이군요.

무슨 일이 있으셨습니까?

❷ 사업차 일본에 다녀왔습니다.

❸ 당신이 하시는 사업이 잘 되어 갑니까?

❹ 아닙니다.

제 사업이 곤경에 빠져있어요.

❺ 안됐군요.

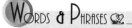

WORDS & PHRASES

- for a long time : 오랜 동안
- what happen : 무슨 일이야
- good luck : 행운

32

아이 해븐트 씬 유 휘 러 롱 타임
I haven't seen you for a long time.

1 아이 해븐트 씬 유 휘 러 롱 타임
I haven't seen you for a long time.

왓 해픈드
What happened?

2 아이 해브 빈 투 저팬 온 비즈니스
I have been to Japan on business.

3 더즈 유어 비즈니스 고우 웰
Does your business go well?

4 노우 잇 더즌트
No, it doesn't.

마이 비즈니스 이즈 인 츄러블즈
My business is in troubles.

5 댓츠 투 배드
That's too bad.

WORDS & PHRASES ♋

- **business** : 일, 사업
- **Japan** : 일본
- **trouble** : 곤경, 난관

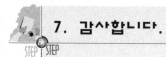
❶ 당신은 무엇을 제일 갖고 싶으세요?

❷ 왜요?

❸ 난 당신이 원하는 것을 드리고 싶습니다.

❹ 오, 정말이세요?

❺ 난 손목시계를 갖고 싶습니다.

　　손목시계 하나 사 드리죠.

❻ 감사합니다.

WORDS & PHRASES ♫

• most : 가장
• want : 원하다
• really : 정말

땡 큐
Thank you.

1 홧 두 유 원 투 해브 모스트
What do you want to have most?

2 화이
Why?

3 아이 우드 라이크 투 기브 유 썸씽 유 원트
I would like to give you something you want.

4 오우 리얼리
Oh, really?

5 아이 원트 어 리스트 워치
I want a wrist watch.

아이 윌 바이 어 리스트 워치 훠 유
I will buy a wrist watch for you.

6 땡 큐
Thank you.

WORDS & PHRASES ♬

• wrist watch : 손목시계
• buy : 사다

❶ 실례합니다만

한달에 얼마나 버십니까?

❷ 약 1,000달러 정도 법니다.

❸ 괜찮군요.

❹ 당신은 얼마나 법니까?

❺ 800달러 정도요.

❻ 돈이 중요하긴 하지만 모든 것은 아니죠.

WORDS & PHRASES 32

- Excuse me : 실례합니다
- something : 뭔가, 중요한 것
- how much : 얼마나

하우 머취 두 유 메이크 어 먼쓰
How much do you make a month?

① 익스큐즈 미
Excuse me.

하우 머취 두 유 메이크 어 먼쓰
How much do you make a month?

② 아이 메이크 어바웃 원 싸우전드 달러즈
I make about $1,000.

③ 프리티 굿
Pretty good.

④ 하우 어바웃 츄
How about you?

⑤ 어바웃 에잇 헌드리드 달러즈
About $800.

⑥ 머니 이즈 썸씽 밧 낫 에브리씽
Money is something but not everything.

WORDS & PHRASES ✆

- month : 달
- everthing : 모든 것
- unhappy : 불행한

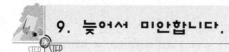

❶ 회의가 벌써 시작됐습니다.

❷ 늦어서 미안합니다.

교통이 무척 혼잡했어요.

❸ 그러나 당신은 회의실에 들어가선 안됩니다.

❹ 회의에 참석하고 싶은데.

❺ 다음에는 회의시간 10 분 전에 오십시오.

WORDS & PHRASES ☜

- late : 늦은
- meeting : 회의
- already : 이미, 벌써
- traffic : 교통
- keep in mind : 명심하다
- began : begin 의 과거(시작하다)
- enter : 들어가다
- attend : 참석하다

38

아임 쏘리 투 비 레이트
I'm sorry to be late

① 더 미팅 얼레디 비갠
The meting already began.

② 아임 쏘리 투 비 레이트
I'm sorry to be late.

더 츄래픽 워즈 범퍼 투 범퍼
The traffic was bumper to bumper.

③ 밧 유 머스트 낫 엔터 더 룸
But you must not enter the room.

④ 아이 원 투 어텐드 더 미팅
I want to attend the meetng.

⑤ 츄라이 투 컴 비훠 텐 미닛츠 휘 미팅 타임 넥스트
Try to come before ten minutes for
meeting time next.

또 만났을 때(오전에 만나고)

▶또 만났군요.
위 멧 어겐
We met again!

▶네, 세상 좁군요.
어 스몰 우얼드
A small world!

10. 제 소개를 해 드리겠습니다.

STEP | STEP   ◀

❶ 제게 당신 소개좀 해주시겠어요?

---

❷ 좋아요, 제 소개를 하죠.

전 한국에서 왔습니다.

제 직업은 통역원입니다.

---

❸ 당신은 좋은 직업을 가지고 있군요.

그런데, 결혼하셨습니까?

---

❹ 아니오, 아직 안했습니다.

WORDS & PHRASES ㉜

- introduce : 소개하다
- Korea : 한국
- name : 이름

아일 인트로듀스 마이셀프
I'll introduce myself.

① 캔 유 인트로듀스 유어셀프 투 미
Can you introduce yourself to me?

② 오우 케이 아일 인트로듀스 마이셀프
O.K, I'll introduce myself.

아이 엠 후럼 코리아
I am from Korea.

아이 엠 언 인터프리터
I am an interpreter.

③ 유 해브 어 굿 잡
You have a good job.

바이 더 웨이 아 유 메리드
By the way, are you married?

④ 노우 아이 엠 낫 매리드 옛
No, I am not married yet.

WORDS & PHRASES ♪

• occupation : 직업
• interpreter : 통역원
• be married : 결혼하다

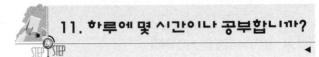

11. 하루에 몇 시간이나 공부합니까?

❶ 당신은 공부를 열심히 하시는군요.

하루에 몇 시간이나 하십니까?

❷ 5시간요.

난 토플 시험을 치루기 위해서 영어공부를

열심히 해야만 합니다.

❸ 당신은 교수가 되고 싶으세요?

❹ 예, 그렇습니다.

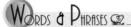

WORDS & PHRASES

- hour : 시간
- professor : 교수

42

하우 매니 아워즈 두 유 스타디 어 데이
How many hours do you study a day?

① 유 스타디 베리 하드
You study very hard.

하우 매니 아워즈 두 유 스타디 어 데이
How many hours do you study a day?

② 화이브 아워즈
Five hours.

아이 머스트 스타디 잉클리쉬 하드 투
I must study English hard to

테이크 어 토플 테스트.
take a TOEFL test.

③ 두 유 원투 비 어 프로웨서
Do you want to be a professor?

④ 예스 아이 두
Yes, I do.

WORDS & PHRASES ♒

- **TOEFL** : 토플(유학생들이 치르는 시험)
- **test** : 시험

12. 사전을 찾아 보세요.

STEP STEP ◀

❶ '플라워'를 불어로 뭐라고 합니까?

❷ 그 단어의 철자를 사전에서

찾아 보세요.

❸ 난 불어는 전혀 모르겠어.

당신은 불어가 어렵다고 생각하십니까?

❹ 아니오, 전 그렇게 생각하지 않습니다.

WORDS & PHRASES 32

- dictionary : 사전
- French : 불어
- Consult : 찾다, 진찰하다
- word : 단어
- not~at all : 전혀 ~아니다
- pronunciation : 발음

컨썰트 유어 딕쇼너리 플리즈
Consult your dictionary, please.

① 홧 두 유 쎄이 플라워 인 후렌취
What do you say 'Flower' in French?

② 컨썰트 유어 딕쇼너리 훠 더 스펠링
Consult your dictionary for the spelling

오브 댓 워드 플리즈
of that word, please.

③ 아이 돈 노우 후렌취 앳 올
I don't know French at all.

두 유 씽크 후렌취 이즈 디휘컬트
Do you think French is difficult?

④ 노우 아이 돈 씽크 쏘우
No, I don't think so.

오랜만에 만났을 때

▶ 오래간만입니다.
잇쯔 빈 어 롱 타임
It's been a long time

▶ 이게 얼마만입니까?
하우 롱 해즈 잇 빈
How long has it been?

❶ 이 거리가 더럽네요.

❷ 이 근처에 체육관이 있어서 그래요.

흥미로운 시합이 끝나고 나면 지저분하거든요.

❸ 한국에는 스포츠광들이 많이 있지요?

❹ 예, 그렇습니다.

축구에 미친 사람들이 많아요.

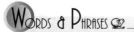

WORDS & PHRASES ♫

- **dirty** : 더러운
- **gymnasium** : 체육관
- **clean** : 깨끗한
- **fan** : 광

디스 스트릿 이즈 더티
This street is dirty.

① 디스 스트릿 이즈 더티
This street is dirty.

② 데어 이즈 어 짐내지어 니어 히어
There is a gymnasium near here.

더 스트릿 이즈 낫 클린 애후터 익싸이팅 게임
The street is not clean after exiting game.

③ 아 데어 매니 스포츠 훼 인 코리아
Are there many sports fan in korea?

④ 예스 데어 아
Yes, there are.

매니 피플 아 크레이지 어바웃 훗볼
Many pepole are crazy about football.

그동안의 안부를 물을 때

▶그동안 어떠셨습니까?
하우 해브 유 빈
How have you been?

▶오랫동안 서로 소식 두절이었군요.
잇쓰 빈 어 롱 싸이런스
It's been a long silence.

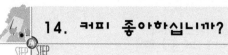
❶ 커피 좋아하십니까?

❷ 아닙니다.

전 인삼차를 좋아해요.

건강에 좋거든요.

❸ 알겠습니다.

전 보통 하루에 커피 네 잔을 마셔요.

커피 마시면 편안해지거든요.

❹ 정말입니까?

두 유 라이크 커피
Do you like coffee?

1 두 유 라이크 커피
Do you like coffee?

2 노우 아이 돈
No, I don't

아이 라이크 진생 티
I like Jinseng tea.

잇츠 굿 훠 헬쓰
It's good for health.

3 오우 아이 씨
Oh, I see.

아이 유절리 드링크 훠 컵스 오브 커피 어 데이
I usually drink four cups of coffee a day.

커피 메이크스 미 컴훠터블
Coffee makes me comfortable.

4 리얼리
Really?

15. 키가 얼마입니까?

STEP STEP ◄

❶ 키가 얼마입니까?

❷ 165cm요.

❸ 키가 작군요.

❹ 아닙니다. 한국에서는 여자 키로서는 작지 않아요.

❺ 정말입니까?

❻ 물론이죠, 동양인은 서양인보다 좀 작습니다.

하우 톨 아 유
How tall are you?

1 하우 톨 아 유
How tall are you?

2 원 헌드리드 식스티 파이브 쎈티미터
165cm.

3 잇츠 숏
It's short.

4 노우 잇츠 낫 숏 휘 우먼 인 코리아
No. It's not short for woman in Korea.

5 리얼리
Really?

6 오브 코오스 오리엔탈 피플 아 스몰러
Of course, Oriental people are smaller

댄 웨스턴 피플
than Western people.

WORDS & PHRASES 32

- tall : 키 큰
- short : 키 작은
- western people : 서양인

STEP STEP ◀

❶ 한국의 주식은 무엇입니까?

❷ 우리는 쌀을 주식으로 하고 있어요.

❸ 한국에서 김치는 퍽 인기가 있죠?

❹ 그럼요, 우리 한국 사람들은 김치없인 못살아요.

❺ 그렇지만 김치는 너무 매워요.

그래서 전 김치를 좋아하질 않습니다.

 WORDS & PHRASES 32

- staple : 주요소, 주성분
- rice : 쌀
- without : ~없이

왓츠 더 스태플 훗 인 코리아
What's the staple food in korea?

① 왓츠 더 스태플 훗 인 코리아
What't the staple food in Korea?

② 위 잇 온 라이스
We eat on rice.

③ 김치 이즈 파퓰러 인 코리아 이즌 잇
Kimchi is popular in Korea, isn't it?

④ 슈어 위 코리언즈 캔트 리브 위드아웃 김치
Sure, We Kereans can't live without Kimchi.

⑤ 밧 김치 이즈 베리 핫
But Kimchi is very hot.

쏘우 아이 돈 라이크 김치
So I don't like Kimchi.

다른 사람의 안부를 물을 때

▶어머님께선 안녕하십니까?
하우스 유어 마더
How's your mother?

▶건강히 잘 계십니다.
쉬스 화인 땡스
She's fine, thanks.

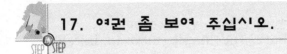

❶ 여권 좀 보여주십시오.

❷ 그러죠. 여기 있습니다.

❸ 감사합니다.

  당신은 L.A에 얼마동안 머물 계획입니까?

❹ 3달 동안요.

WORDS & PHRASES 32

- passport : 여권
- Let me see : 봅시다
- Here it is : 여기 있습니다
- plan : 계획
- purpose : 목적
- trip : 여행

렛 미 씨 유어 패스포트 플리즈
Let me see your passport, please

①
렛 미 씨 유어 패스포트 플리지
Let me see your passport, please.

②
슈어 히어 잇 이즈
Sure. Here it is.

③
땡 큐
Thank you.

하우 롱 두 유 플랜 온 스테잉 인 로스엔젤레스
How long do you plan on staying in L.A?

④
훠 쓰리 먼쓰
For three months.

안부 부탁을 받고 전할 때

▶그동안 소식 전하지 못해서 미안합니다.
아임 쏘리 포 마이 롱 싸이런스
I'm sorry for my long silence.

▶김씨가 당신에게 안부 전하더군요.
미스터 김 쎈즈 히즈 리가어즈 투 유
Mr. Kim sends his regards to you.

18. 국적이 어딥니까?

❶ 국적이 어딥니까?

❷ 브라질입니다.

❸ 브라질은 무엇이 유명하죠?

❹ 커피와 축구로 유명하죠.

우리는 축구에서 월드컵을 차지했어요.

❺ 알았습니다.

당신은 당신 조국에 대해서 긍지가 대단하군요.

그렇죠?

왓츠 유어 내쇼낼러티
What's your nationality?

1
왓츠 유어 내쇼낼러티
What's your nationality?

2
브라질
Brazil.

3
왓 이즈 브라질 웨이머스 훠
What is Brazil famous for?

4
쉬 이즈 웨이머스 훠 커피 앤 풋볼
She is famous for coffee and foodball.

위 해드 갓 더 월드컵 오브 풋볼
We had got the World Cup of foodball.

5
오우 아이 씨
Oh, I See.

유 아 프라우드 오브 유어 컨츄리
You are proud of your country,

안 츄
aren't you?

❶ 실례합니다.

여기서 사진좀 찍어 주시겠어요?

❷ 그러죠.

한국 여행을 혼자 하시는 겁니까?

❸ 예, 혼자 여행중입니다.

❹ 이 나라를 당신은 어떻게 생각하십니까?

❺ 무척 맘에 듭니다.

사람들이 매우 친절하고 인정이 많아요.

피플 아 베리 카인드 앤드 후렌드리
People are very kind and friendly.

① 익스큐즈 미
Excuse me.

월 유 테이크 마이 픽쳐 히어 플리즈
Will you take my picture here, please?

② 아이 엠 클래드 투
I am glad to.

아 유 츄래블링 인 코리아 얼론
Are you traveling in Korea alone?

③ 예스 아임 츄래블링 바이 마이셀프
Yes, I'm traveling by myself.

④ 하우 두 유 라이크 디스 컨츄리
How do you like this country?

⑤ 아이 라이크 디스 컨츄리 쏘우 머취
I like this country so much.

피플 아 베리 카인드 앤드 후렌드리
People are very kind and friendly.

❶ 이 도시의 이름은 멉니까?

❷ 춘천입니다.

❸ 참 전망이 좋군요!

❹ 우리는 이 춘천을 "호반의 도시"라고 부르죠.

왜냐하면 춘천에는 호수들이

아주 많거든요.

❺ 난 한국에 이처럼 아름다운 도시가 있는 줄 몰랐어요.

WORDS & PHRASES 32

- city : 도시
- lake : 호수
- nice view : 훌륭한 전망

홧 어 나이스 뷰
What a nice view.

❶ 홧 이즈 더 네임 오브 디스 씨티
What is the name of this city?

❷ 잇 이즈 춘천
It is Choon Chun.

❸ 홧 어 나이스 뷰
What a nice view!

❹ 위 콜 잇 더 씨티 오브 레이크
We call it "the City of Lake".

비코오즈 데어 아 얼 랏 오브 레이크스 앳
Because there are a lot of lakes at

춘천
Choon Chun.

❺ 아이 디든 노우 코리아 해즈 어 비우티풀
I didn't know Korea has a beautiful

씨티 라이크 디스
city like this.

21. 저것이 왕궁입니까?

STEP STEP ◀

❶ 저것이 왕궁입니까?

❷ 예, 그렇습니다.

덕수궁이라고 하죠.

❸ 겉모양이 참 독특하군요.

❹ 예, 많은 외국인들이 이곳을 방문하죠.

특히 연인들에게 좋은 장소였었죠.

WORDS & PHRASES 32

- palace : 궁전
- Appearances : 외관, 겉모양
- foreigners : 외국인들
- lovers : 연인들
- clean : 깨끗한

이즈 댓 디 임페리얼 팰리스
Is that the Imperial Palace?

① 이즈 댓 디 임페리얼 팰리스
Is that the Imperial palace?

② 예스 잇 이즈
Yes, it is.

잇츠 콜드 덕 수 팰리스
It's called Duk Soo Palace.

③ 어피어런시스 아 베리 유닉
Appearances are very unique.

④ 예스 매니 훠리너즈 비짓 디스 플레이스
Yes. Many foreigners visit this place.

이스페셜리 잇 유스 투 비 어 굿 플레이스
Especially, it used to be a good place

훠 러버즈
for lovers.

WORDS & PHRASES ③②

- I see : 알았습니다
- unique : 독특한
- imperial : 황제의

❶ 여기가 민속촌입니다.

❷ 매우 흥미롭군요.

이것은 어떤 종류의 벽입니까?

❸ 그것은 돌로 만들어졌습니다.

❹ 이것은 어떤 종류의 지붕입니까?

❺ 초가 지붕입니다.

❻ 저것은 무엇입니까?

❼ 그것은 양반집입니다.

❽ 정원이 참 아름답습니다.

왓 카인드 오브 루프 이즈 디스
What kind of roof is this?

① 히어 이즈 더 포크 빌리지
Here is the Folk Village.

② 잇츠 베리 인터레스팅
It's very interesting.

왓 카인드 오브 월 이즈 디스
What kind of wall is this?

③ 잇츠 메이드 오브 스톤
It's made of stone.

④ 왓 카인드 오브 루프 이즈 디스
What kind of roof is this?

⑤ 잇츠 어 스트로 댓취드 루프
It's a straw thatched roof.

⑥ 왓 이즈 댓
What is that?

⑦ 잇츠 어 노블맨즈 하우스
It's a nobleman's house.

⑧ 잇 해즈 어 비후티훌 가든
It has a beautiful garden.

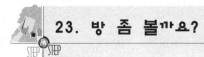

23. 방 좀 볼까요?

STEP STEP ◀

❶ 빈 방이 있습니까?

---

❷ 예. 어떤 방을 원하시는데요?

---

❸ 목욕탕이 있는 일인용 방이 좋습니다.

---

❹ 좋아요, 좋은 방이 있습니다.

---

❺ 방 좀 볼까요?

---

❻ 그러세요, 따라오세요.

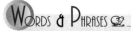

WORDS & PHRASES 32

- vacancy : 빈방
- single room : 일인용 방
- bath : 목욕탕

66

캔 아이 씨 어 룸
Can I see a room?

1 두 유 해브 애니 베이큰씨즈
Do you have any vacancies?

2 예스 왓 카인드 오브 룸 우 쥬 라이크
Yes, what kind of room would you like?

3 어 씽클 룸 위드 어 배쓰
A single room, with a bath.

4 오우케이 위 해브 어 굿 룸
O.K, we have a good room.

5 캔 아이 씨 어 룸
Can I see a room?

6 써튼리 컴 위드 미 플리즈
Certainly, Come with me, please.

초면 인사 후 헤어질 때

▶또 만날 날이 있을까요?
윌 아이 에버 씨 유 어겐
Will I ever see you again?

▶이것이 나의 명함입니다.
디스 이즈 마이 콜링 카드
This is my calling card.

숙소 예약 **67**

24. 제가 불국사를 안내해 드리죠.

❶ 경주에서 가장 훌륭한 것이 무엇입니까?

❷ 불국사와 석굴암이죠.

❸ 그것들을 좀 보고 싶은데요.

❹ 제가 불국사를 안내해 드리죠.

WORDS & PHRASES 32

- guide : 안내하다
- wish : 바라다, 원하다
- temple : 사원

68

아일 가이드 불국 템플 휘 유
I'll guide Bulgug temple for you

왓 아 더 모스트 원더홀 씽즈
① What are the most wonderful things

인 경주
in Kyongju?

불국사 앤드 석굴암
② Bulgug-Sa and Soggulam.

아이 위쉬 투 씨 뎀
③ I wish to see them.

아일 가이드 불국 템플 휘 유
④ I'll guide Bulgug temple for you.

초면 인사 후 헤어질 때

▶만나서 기뻤습니다.
아임 글래더 해브 멧 유
I'm glad to have met you.

▶대화해서 즐거웠습니다.
나이쓰 토킹 투 유
Nice talking to you

25. 박물관에서 무엇을 봤습니까?

STEP STEP ◀

❶ 주말을 어떻게 보냈습니까?

❷ 전 매우 훌륭한 시간을 보냈어요.

경주 박물관에 갔었거든요.

❸ 박물관에서 무엇을 봤습니까?

❹ 그림, 금 장신구, 자기, 곡옥 기타 등등.

WORDS & PHRASES 32

- museum : 박물관
- paintings : 그림들
- golden ornaments : 금 장신구
- porcelains : 자기

홧 디 쥬 씨 인 더 뮤지엄
What did you see in the museum?

1 하우 디 쥬 스펜드 유어 위켄드
How did you spend your weekend?

2 아이 스펜트 어 베리 원더풀 타임
I spent a very wonderful time.

아이 웬 투 더 경주 뮤지엄
I went to the Kyongju Museum.

3 홧 디 쥬 씨 인 더 뮤지엄
What did you see in the museum?

4 페인팅즈 골든 오너먼츠 포스린즈
Paintings, golden ornaments, porcelains,

카브드 제이드 앤드 쏘우 온
Carved jade, and so on.

초면에 이야기가 길어졌을 때

▶이야기가 길어졌군요.
아어 토크 툭크 타임
Out talk took time.

▶괜찮습니다. 조금도 염려마십시오.
노우 프라블럼 내버 마인
No problem. Never mind.

❶ 결혼하셨습니까?

----

❷ 예, 그렇습니다.

----

❸ 자녀가 있으십니까?

----

❹ 예, 그렇습니다.

----

❺ 자녀가 몇 명이나 됩니까?

----

❻ 4명입니다.

아들 둘, 딸 둘요.

WORDS & PHRASES 32

• oldest : 가장 나이 많은 장남
• children : 자녀, 어린이들

하우 매니 칠드런 두 유 해브
How many children do you have?

① 아 유 매리드
Are you married?

② 예스 아이 엠
Yes, I am.

③ 두 유 해브 칠드런
Do you have children?

④ 예스 아이 두
Yes, I do.

⑤ 하우 매니 칠드런 두 유 해브
How many children do you have?

⑥ 아이 해브 훠
I have four.

투 썬즈 앤드 투 도터즈
Two sons and two daughters.

즐거웠습니다

▶ 함께 있어 즐거웠습니다.
아이브 인조이드 비잉 위스 유
I've enjoyed being with you.

27. 이 거리가 세종로입니다.

STEP STEP ◀

❶ 당신은 어디를 가고 싶으세요.

❷ 전 남산에 올라가고 싶습니다.

　남산에는 높은 탑이 있다고 들었는데요.

❸ 맞습니다. 갑시다.

❹ 이 거리가 세종로입니까?

❺ 예, 그렇습니다.

74

디스 스트리트 이즈 더 세종로
This street is the Saejongro.

1
훼어 두 유 원 투 고우
Where do you want to go?

2
아이 원 투 고우 엎 남산
I want to go up Nam San.

아이 허드 남산 해즈 어 하이 타우어
I heard Nam San has a high Tower.

3
댓츠 라이트 렛츠 고우
That's right. Let's go.

4
이즈 디스 스트리트 더 세종로
Is this street the Saejongro?

5
예스 잇 이즈
Yes, it is.

아는 사람과 헤어질 때

▶ 안녕!(안녕히 가십시오!)
구 빠이
Good-bye!

▶ 또 만나(안녕히 가세요)
씨 유 래이더
See you later.

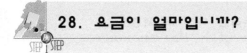

28. 요금이 얼마입니까?

STEP STEP ◀

❶ 파리까지 가는 비행기를 예약하고 싶은데요.

❷ 언제 떠나실 겁니까?

❸ 다음 달에요. 전 저녁 비행기로 가고 싶은데요.

❹ 오후 6시에 떠나는 KAL 747기입니다.

❺ 요금이 얼마입니까?

❻ 편도 요금 300불입니다.

WORDS & PHRASES

- fare : 요금
- make a reservation : 예약하다
- flight : 비행

왓 이즈 더 훼어
What is the fare?

❶ 아이드 라이크 투 메이크 어 레저베이션 투 패리스
I'd like to make a reservation to Paris.

❷ 웬 아 유 리빙
When ara you leaving?

❸ 넥스트 먼쓰 아이 원트 어 나잇 홀라잇
Next month. I want a night flight.

❹ 칼 홀라잇 쎄븐훠쎄븐 리브즈 앳 씩스 피 엠
KAL Flight 747 leaves at six P.M.

❺ 홧츠 더 훼어
What's the fare?

❻ 쓰리 헌드리드 달러즈 원 웨이
$ 300 one way.

아는 사람과 헤어질 때

▶그럼, 조심히 가세요.

웰 테이 케어
Well, take care.

▶조심해서 가십시오.

비 케어펄 고우잉 호움
Be careful going home

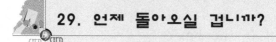

29. 언제 돌아오실 겁니까?

❶ 전 공부하러 미국에 갈 겁니다.

❷ 언제요?

❸ 7월에요.

❹ 언제 돌아오실 겁니까?

❺ 석사 학위 받고난 후에요.

❻ 건투를 빕니다.

❼ 감사합니다.

WORDS & PHRASES 32

- come back : 돌아오다
- M. A : master(석사)
- good luck to you : 행운을 빈다

78

웬 윌 유 컴 백
When will you come back?

① 아이 윌 고우 투 아메리카 훠 스타딩
I will go to Americs for studying.

② 웬
When?

③ 인 쥴라이
In July.

④ 웬 윌 유 컴 백
When wil you come back?

⑤ 애후터 겟팅 엠 에이 디그리
After getting M.A. degree.

⑥ 굿 럭 투 유
Good luck to you.

⑦ 땡 큐
Thank you.

❶ 전 여행할 계획입니다.

❷ 어느 나라를 여행하시고자 합니까?

❸ 한국요. 한국에는 절이 많이 있습니다.

❹ 그래요. 한국은 불교 국가죠.

한국은 불교에 대한 오랜 전통을 가지고 있어요.

WORDS & PHRASES 32

- temple : 사찰, 절
- take a trip : 여행하다
- country : 나라
- Buddhism : 불교
- tradition : 전통

데어 아 매니 올드 템플즈 인 코리아
There are many old temples in Korea.

1 아임 플래닝 투 테이크 어 츄립
I'm planning to take a trip.

2 휘치 컨츄리 두 유 원 투 츄래블
Which country do you want to travel?

3 코리아 데어 아 매니 올드 템플즈 인 코리아
Korea. There are many old temples in Korea.

4 라잇 코리아 이즈 어 부디즘 컨츄리
Right. Korea is a Buddhism country.

코리아 해즈 롱 트래디션 오브 부디즘
Korea has long tradition of Buddhism.

아는 사람과 헤어질 때

▶또 봅시다.
아일 씨 유
I'll see you!

▶또 봅시다.
아일 씨 유 어라운드
I'll see you around.

31. 처음 만났을 때 인사

❶ 처음 뵙겠습니다.

---

❷ 처음 뵙겠습니다.

---

❸ 이곳은 어떻습니까?

---

❹ 참 좋군요.

---

❺ 오늘 날씨는 어떻습니까?

---

❻ 좋습니다.

WORDS & PHRASES ㉜

- **here** : 여기에
- **very much** : 매우
- **weather** : 날씨
- **today** : 오늘
- **fine** : 좋은

82

하우 두 유 두
How do you do?

1 하우 두 유 두
How do you do?

2 하우 두 유 두
How do you do?

3 하우 두 유 라이크 히어
How do you like here?

4 아이드 라이크 히어 베리 머취
I'd like here very much.

5 하우즈 더 웨더 투데이
How's the weather today?

6 잇 이즈 화인
It is fine

왕래를 원할 때

▶ 놀러가도 될까요?
캔 아이 컴 언 씨 유
Can I come and see you?

▶ 되고 말고요. 아무때나요.
슈어 엣 애니 타임
Sure, at any time.

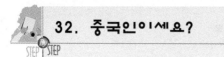
32. 중국인이세요?

❶ 당신은 중국사람입니까?

❷ 예, 그렇습니다.

❸ 박씨도 중국사람입니까?

❹ 아닙니다.

그 분은 한국인이에요.

❺ 당신은 한국에 대해서 알고 있는 것이 있나요?

❻ 예, 한국은 오랜 역사를 가지고 있죠.

WORDS & PHRASES 32

- Chinese : 중국인
- Korean : 한국인
- about : ~에 대하여, ~에 관해서
- too : 역시

84

아 유 차이니즈
Are you Chinese?

① 아 유 차이니즈
Are you Chinese?

② 예스 아이 엠
Yes, I am.

③ 이즈 미스터 박 차이니즈 투
Is Mr. Park Chinese, too?

④ 노우 히 이즈 낫
No, He is not.

히 이즈 코리언
He is Korean.

⑤ 두 유 노우 썸씽 어바웃 코리아
Do you know something about Korea?

⑥ 예스 코리아 해즈 어 롱 히스토리
Yes, Korea has a long history.

WORDS & PHRASES 32

- something : 어떤 것
- know : 알다
- long : 긴
- has : 가지다
- history : 역사

33. 중국집이 어때요?

❶ 오늘밤 저와 함께 저녁식사 하시지 않겠어요?

❷ 좋죠.

❸ 어떤 음식점엘 가고 싶으세요?

❹ 중국집이 어떨까요?

❺ 좋습니다.

WORDS & PHRASES 32

- Why : 왜
- dinner : 저녁 식사
- tonight : 오늘밤
- wonderful : 훌륭한
- kind : 종류
- restaurant : 식당
- want : 원다
- sound : 들리다

홧 어바옷 차이니즈 레스터런트
What about Chinese restaurant?

① 화이 돈 츄 해브 디너 위드 미 투나잇
Why don't you have dinner with me tonight?

② 대츠 원더훌
That's wonderful.

③ 홧 카인드 오브 레스터런트 두 유 원 투 고우
What kind of restaurant do you want to go?

④ 홧 어바옷 차이니스 레스터런트
What about Chinese restaurant?

⑤ 댓 싸운즈 굿
That sounds good.

연락을 원할 때

▶놀러 오세요.
플리즈 컴 언 씨 미
Please come and see me.

▶언제든지 전화로 연락하세요.
유 큰 올위즈 겟 미 온 더 포운
You can always get me on the phone.

34. 언제 당신을 다시 볼 수 있을까요?

STEP STEP ◀

❶ 언제 당신을 다시 볼 수 있을까요?

  요즘 바쁘세요?

❷ 예, 일요일 이외엔 몹시 바쁩니다.

❸ 일요일에는 언제 시간이 있으세요?

❹ 원하시는 때 언제든지 절 만날 수 있습니다.

WORDS & PHRASES ✹

- when : 언제
- can : 할 수 있다
- again : 다시
- except : ~ 이외에
- these days : 요즈음
- Sunday : 일요일
- free : 자유로운
- any time : 어느 때라도

헬 캔 아이 씨 유 어겐
When can I see you again?

1 왠 캔 아이 씨 유 어겐
When can I see you again?

아 유 비지 디즈 데이즈
Are you busy these days?

2 예스 아이 엠 베리 비지 익셉트 썬데이
Yes, I am very busy except Sunday.

3 홧 타임 아 유 후리 온 썬데이
What time are you free on Sunday?

4 유 캔 씨 미 애니 타임 유 원트
You can see me any time you want.

연락을 원할 때

▶서로 연락을 유지합시다.
랫쓰 키핀 텃취
Let's keep in touch.

▶나와 같은 생각이시군요.
유 토크 마이 랭구이지
You talk my language.

❶ 당신은 언제 결혼하실 겁니까?

----

❷ 뭐요?

다시 한번 말씀해 주시겠어요?

----

❸ 언제 결혼하실 겁니까?

----

❹ 정확히는 모르겠어요.

그러나 곧 결혼하고 싶어요.

WORDS & PHRASES 🎵

- **pardon** : 용서, 사면, 죄송합니다(사과할 때)
  실례합니다., 뭐라고요?(되물을 때)
- **please** : 부디, 정중한 표현에 사용
- **get married** : '결혼하다
- **say** : 말하다   • **exactly** : 정확히
- **but** : 그러나   • **soon** : 곧

월 유 플리즈 쎄이 잇 어겐
Will you please say it again?

① 웬 월 유 겟 매리드
When will you get married?

② 파든 미
Parden me?

월 유 플리즈 쎄이 잇 어겐
Will you please say it again?

③ 웬 월 유 겟 매리드
When will you get married?

④ 아이 돈 노우 익젝틀리
I don't know exactly.

밧 아이 원 투 겟 매리드 순
But I want to get married soon.

대화할 때

▶다시 한번 말씀해 주시겠습니까?
쎄이 댓 어겐 플리즈
Say that again, please.

▶말씀을 잘 알아들을 수가 없군요.
아이 도운트 콰잇 홀로우 유
I don't quite follow you.

❶ 무척 피곤해 보이시는군요.

❷ 예, 온종일 바빴어요.

❸ 우유좀 드시겠어요.

❹ 아니 괜찮습니다.

   전 단지 목욕이나 했으면 합니다.

WORDS & PHRASES 32

- look : 보이다
- so : 아주, 꽤
- all day long : 온종일
- just : 단지
- take a bath : 목욕하다

두 유 원트 썸 밀크
Do you want some milk?

① 유 룩 베리 타이어드
You look very tired.

② 예스 아이 워즈 쏘우 비지 올 데이 롱
Yes, I was so busy all day long.

③ 두 유 원트 썸 밀크
Do you want some milk?

④ 노우 땡 큐
No, thank you.

아이 져스트 원 투 테이크 어 배쓰
I just want to take a bath.

▶말씀하시는 것을 이해할 수 없군요.
아이 도운트 언더스땐 왓 유 쎄이
I don't understand what you say.

▶말씀하시는 것을 반 정도만 이해합니다.
아이 언더스땐 오운리 해프 어브 왓 유 세이
I understand only half of what you say.

37. 아이스크림좀 드시겠어요?

❶ 아이스크림좀 드시겠어요?

❷ 아니, 괜찮습니다.

전 지금 배불러요.

❸ 쥬스좀 드시겠어요?

❹ 글쎄요, 쥬스 조금만 먹겠어요.

WORDS & PHRASES 32

- full : 충분한, 가득한
- juice : 쥬스
- a little : 약간, 조금   • well : 글쎄, 잘
- many와 much의 비교
  many(많은) : 셀 수 있는 명사 앞에 붙는다
  much(다량의) : 셀 수 없는 명사 앞에 붙는다

우 쥬 라이크 썸 아이스 크림
Would you like some icecream?

1. 우쥬 라이크 썸 아이스크림
   Would you like some icecream?

2. 노우 땡 큐
   No, thank you.

   아임 풀 나우
   I'm full now.

3. 우쥬 라이크 썸 쥬스
   Would you like some juice?

4. 웰 아일 해브 어 리틀 쥬스
   Well, I'll have a little juice.

대화할 때

▶ 제가 말을 제대로 했습니까?
이즈 댓 더 라잇 우어드
Is that the right word?

▶ 말씀이 빨라서 이해할 수 없군요.
아이 캐앤 활로우 유
I can't follow you.

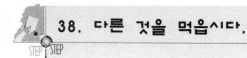

38. 다른 것을 먹읍시다.

STEP STEP ◀

❶ 저녁식사로 멀 드시고 싶습니까?

카레라이스 원하세요?

❷ 글쎄요, 그건 약간 매워요.

그래서 좋아하지 않아요.

다른 것 먹읍시다.

❸ 좋아요, 파인애플은 어떻습니까?

❹ 좋습니다.

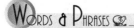RDS & PHRASES

• Let's : ~을 합시다(권유할 때)
• something else : 다른 것

96

렛츠 해브 썸씽 엘스
Let's have something else

① 홧 두 유 원트 휘 디너
What do you want for dinner?

두 유 원트 커리 언 라이스
Do you want Curry and rice?

② 웰 잇츠 핫 어 리틀
Well, it's hot a little.

쏘우 아이 돈 라이크 댓
So, I don't like that.

렛츠 해브 썸씽 엘스
Let's have something else.

③ 오우케이 하우 어바웃 파인 애플
O.K, how about pine apple?

④ 댓츠 굿
That's good.

WORDS & PHRASES ③

- curry and rice : 카레라이스
- hot : 뜨거운, 매운

39. 오늘은 날씨가 어떻습니까?

STEP STEP ◀

❶ 오늘 날씨가 어떻습니까?

❷ 좋습니다.

❸ 네, 어제보다 훨씬 좋아요.

❹ 내일 일기예보는 어떻습니까?

❺ 비 올거라고 하더군요.

❻ 안 좋군요.

❼ 동감입니다.

WORDS & PHRASES 🐲

- How is~ : ~은 어떻습니까?
- fine : 좋은
- forecast : 일기예보
- bad : 나쁜
- same : 같은

하우즈 더 웨더 투데이
How's the weather today?

1
하우즈 더 웨더 투데이
How's the weather today?

2
화인
Fine.

3
예스 잇츠 마취 베터 댄 예스터데이
Yes, its much better than yesterday.

4
홧츠 더 웨더 훠캐스트 훠 투모로우
What's the weather forecast for tomorrow?

5
데이 쎄이 잇 윌 레인
They say it will rain.

6
댓 싸운즈 배드
That sounds bad.

7
아이 휠 더 쎄임 웨이
I fell the same way.

WORDS & PHRASES ♫

- better : 더 좋은
- way : 방법, 길
- rain : 비
- feel : 느끼다

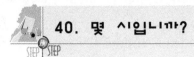

40. 몇 시입니까?

STEP STEP ◀

❶ 몇 시입니까?

❷ 8시 25분입니다.

❸ 제 시계는 10분 느립니다.

❹ 회의는 몇 시에 시작하죠?

❺ 9시에 시작될 예정입니다.

❻ 늦겠군요. 서두릅시다.

WORDS & PHRASES 32

- time : 시간
- twenty-five : 25
- scheduled : 예정된
- eight : 8(여덟)
- hurry : 서두르다
- watch : 시계
- minute : 분
- slow : 느린
- begin : 시작하다

홧 타임 이즈 잇
What time is it?

1 홧 타임 이즈 잇
What time is it?

2 잇츠 투웬티 화이브 패스트 에잇
It's twenty-five past eight.

3 마이 와취 이즈 텐 미니츠 슬로우
My watch is ten minutes slow.

4 홧 타임 더즈 더 미팅 비긴
What time does the meeting begin?

5 잇츠 스케쥴드 투 비긴 앳 나인
It's scheduled to begin at nine.

6 위일 비 레잇 렛츠 허리
We'll be late. Let's hurry.

소개할 때

▶제 소개를 할까요.

메이 아이 이트러듀스 마이세읍
May I introduce myself?

▶나의 이름은 김동수입니다.

마이 네임 이즈 동수 김
My name is Dong-su Kim.

시간 물을 때 **101**

41. 오늘이 몇 일입니까?

❶ 오늘이 몇 일입니까?

❷ 2월 7일입니다.

❸ 당신의 겨울 방학은 언제 끝납니까?

❹ 약 한 달쯤 지나면 끝나게 됩니다.

그래서, 난 새학기 준비를 해야 합니다.

WORDS & PHRASES ♫

- date : 날짜
- seventh : 제 7 일
- finish : 마치다, 끝내다
- winter vacation : 겨울방학
- prepare : 준비하다
- semester : 학기

홧 이즈 더 데이트
What is the date?

❶ 홧 이즈 더 데이트
What is the date?

❷ 잇 이즈 훼브러리 더 쎄븐쓰
It is February the seventh.

❸ 웬 더즈 유어 윈터 베이케이션 휘니쉬
When does your winter vacation finish?

❹ 잇 윌 휘니쉬 애후터 어바웃 원 먼쓰
It will finish after about one month.

쏘우 아이 머스트 프리페어 훠 마이 뉴 씨메스터
So, I must prepare for my new semester.

소개할 때

▶제 소개를 하겠습니다.
랫 미 인트러듀스 마이세읍
Let me introduce myself.

▶저는 김기수라고 합니다.
아임 기수 김
I'm Ki-su Kim

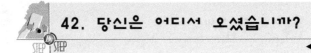

42. 당신은 어디서 오셨습니까?

❶ 당신은 어디서 오셨습니까?

----

❷ 나는 브라질에서 왔습니다.

----

❸ 브라질은 무엇으로 유명합니까?

----

❹ 브라질은 커피로 유명합니다.

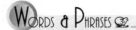

• where : 어디에
• from : ~로 부터
• be famous for : ~로 유명한

웨어 아 유 프럼
Where are you from?

① 웨어 아 유 프럼
Where are you from?

② 아이 엠 프럼 브라질
I am from Brazil.

③ 홧 이즈 브라질 웨이머스 훠
What is Brazil famous for?

④ 브라질 이즈 웨이머스 훠 커피
Brazil is famous for coffee.

소개할 때

▶앞으로 저를 인수라고 불러 주십시오.
푸롬 나우 온 유 큰 콜 미 인수
From now on you can call me In-su.

▶저는 한국에서 왔습니다.
아임 푸롬 커리아
I'm from Korea.

43. 그녀는 지금 바쁘십니까?

❶ 나는 당신의 어머니를 만나뵙고 싶은데요.

그녀는 지금 바쁘십니까?

❷ 예, 그녀는 지금 바쁩니다.

그녀는 김치를 만들고 계십니다.

❸ 김치는 맛있나요?

❹ 예, 그것은 좀 매워요.

WORDS & PHRASES ₢

- busy : 바쁜
- she : 그녀
- make : 만들다
- hot : 뜨거운, 매운
- now : 지금
- see : 만나다, 보다
- delicious : 맛있는
- a little : 조금, 약간

이즈 쉬 비지 나우
Is she busy now?

아이 원 투 시 유어 마더
① I want to see your mother.

이즈 쉬 비지 나우
Is she busy now?

예스 쉬 이즈 비지
② Yes, she is busy.

쉬 이즈 메이킹 킴치 나우
She is making Kimchi now.

이즈 킴치 딜리셔스
③ Is Kimchi delicious?

노우 잇 이즈 핫 어 리틀
④ Yes. It is hot a little.

소개할 때

▶초면입니다. 인사나 하실까요.
아이 도운트 띵크 위브 멧 비포
I don't think we've met before.

▶김동수라고합니다. 한국에서 왔습니다.
아임 동수 김 프럼 커리아
I'm Dong-su Kim from Korea.

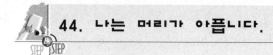

44. 나는 머리가 아픕니다.

❶ 나는 머리가 아픕니다.

❷ 언제부터 머리가 아프기 시작했습니까?

❸ 오늘 아침부터 아프기 시작했습니다.

❹ 어떤 약을 드셨나요?

❺ 아직 안 먹었습니다.

❻ 당신은 약을 드시는게 좋겠습니다.

WORDS & PHRASES ❷

- headache : 두통
- start : 시작하다, 출발하다
- pain : 고통, 통증
- this morning : 오늘 아침
- take : 먹다, 가지고 가다, 취하다
- medicine : 약   • yet : 아직

아이 해브 어 해드에이크
I have a headache.

아이 해브 어 해드에이크
① I have a headache.

웬 디드 유어 해드에이크 스타트
② When did your headache start?

더 페인 스타티드 디스 모닝
③ The pain started this morning.

디 쥬 테이크 애니 메디슨
④ Did you take any medicine?

낫 '엣
⑤ Not yet.

유드 베터 테이크 어 메디슨
⑥ You'd better take a medicine.

소개할 때

▶ 성함을 어떻게 불러야 되겠습니까?
하우 슈드 아이 어드레쓰 유
How should I address you?

▶ 그냥 라버트라고 부르세요.
유 큰 콜 미 라버트
You can call me Robert.

45. 당신의 학교는 어디에 위치합니까?

STEP STEP ◀

❶ 당신의 학교는 어디에 위치합니까?

❷ 서울역 근처에 있습니다.

❸ 당신은 시청에서 버스타고 갑니까?

❹ 예, 그렇습니다.

❺ 내가 당신의 학교를 어떻게 찾아가죠?

당신네 학교를 찾기가 어렵습니까?

❻ 아니오, 그렇지 않습니다.

제가 지도를 그려 드리죠.

110

훼어 이즈 유어 스쿨
Where is your school?

① 훼어 이즈 유어 스쿨
Where is your school?

② 잇츠 니어 서울 스테이션
It's near Seoul Station.

③ 두 유 테이크 어 버스 프럼 시티 홀
Do you take a bus from City Hall?

④ 예스 아이 두
Yes, I do.

⑤ 하우 캔 아이 겟 투 유어 스쿨
How can I get to your school?

이즈 잇 디휘컬트 투 화인드 유어 스쿨
Is it difficult to find your school?

⑥ 노우 잇 이즌트
No, it isn't.

아일 드로 유 어 맵
I'll draw you a map.

46. 내일은 한가한 시간이 있습니까?

STEP STEP ◀

❶ 나는 당신과 함께 점심을 먹고 싶습니다.

점심을 함께 할 수 있을까요?

❷ 유감스럽습니다.

오늘은 무척 바빠요.

❸ 내일은 한가한 시간이 있습니까?

❹ 예, 그렇습니다.

WORDS & PHRASES

- lunch : 점심
- free : 자유로운, 한가한
- so : 매우
- tomorrow : 내일

두 유 해브 어 후리 타임 투모로우
Do you have a free time tomorrow?

1 아이 원 투 해브 런취 위드 유
I want to have lunch with you.

캔 유 컴 오우버 휘 런취
Can you come over for lunch?

2 아임 어후레이드 낫
I'm afraid not.

아임 쏘우 비지 투데이
I'm so busy today.

3 두 유 해브 어 후리 타임 투모로우
Do you have a free time tomorrow?

4 예스 아이 두
Yes, I do.

소개할 때

▶제 동생을 소개하겠습니다.
렛 미 인트로듀스 마이 부라더 투 유
Let me introduce my brother to you.

▶제 동생과 인사나 하시죠.
아이 우온츄 투 밋 마이 부라더
I want you to meet my brother.

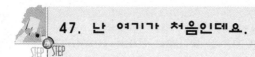

47. 난 여기가 처음인데요.

STEP STEP ◀

❶ 실례합니다.

롯데 호텔이 어디에 있는지 가르쳐 주시겠습니까?

전 여기가 처음입니다.

---

❷ 이 길 첫째 네거리에서 왼쪽으로 도십시오.

---

❸ 친절히 가르켜 주셔서 감사합니다.

---

❹ 천만에요.

WORDS & PHRASES

- here : 여기에
- turn : 돌다
- cross : 가로지르다
- kindness : 친절
- stranger : 타인, 남
- left : 왼쪽
- road : 길
- welcome : 환영하다

114

아이 엠 어 스트랜저 히어
I am a stranger here.

①
익스큐즈 미
Excuse me.

쿠 쥬 텔 미 웨어 더 롯데 호텔 이즈
Could you tell me where the Lotte Hotel is?

아이 엠 어 스트랜저 히어
I am a stranger here.

②
턴 투 더 레프트 앳 더 휘스트 크로씽 디스 로드
Turn to the left at the first crossing this road.

③
땡 큐 훠 유어 카인드니스
Thank you for your kindness.

④
유어 웰컴
You're welcome.

소개할 때

▶제 부인과 인사하시죠.
아이 우온추 투 밋 미시즈 부라운
I want you to meet Mrs. Brown.

▶처음 뵙겠습니다. 부인
하우 두 유 두 미시즈 부라운
How do you do, Mrs. Brown.

48. 잠시 쉽시다.

STEP STEP ◀

❶ 피로해 보이는군요.

우리 휴식을 취할까요?

❷ 예, 잠시 쉽시다.

❸ 이 근처에 다방이 있습니다.

❹ 갑시다.

❺ 몸이 불편하십니까?

❻ 머리가 깨어지는 것 같군요.

❼ 열심히 일하셔서 그래요.

렛츠 테이크 어 숏 레스트
Let' take a short rest.

① 유 룩 타이어드
You look tired.

쉘 위 테이크 어 레스트
Shall we take a rest?

② 예스 렛츠 테이크 어 숏 레스트
Yes, Let's take a short rest.

③ 데어즈 어 커피 숍 니어 히어
There's a coffee shop near here.

④ 렛츠 고우
Lets go.

⑤ 아 유 휠링 언더 더 웨더
Are you feeling under the weather?

⑥ 마이 헤드 이즈 킬링 미
My head is killing me.

⑦ 유브 빈 워킹 하드
You've been working hard.

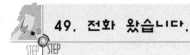

49. 전화 왔습니다.

STEP STEP ◀

❶ 미스 박, 전화 왔습니다.

❷ 누구인가요?

❸ 정확히는 모르겠어요.

아마 당신 친구분인가봐요.

❹ 좋아요, 연결해 주세요.

WORDS & PHRASES

- for : ~에게
- all right : 좋다
- put : 두다
- him : 그를
- through : ……을 통하여
- exactly : 정확히
- maybe : 아마도

118

텔레폰 휘 유
Telephone for you.

❶ 미스 박 텔레폰 휘 유
Miss Park, Telephone for you.

❷ 후 이즈 잇
Whe is it?

❸ 아이 돈 노우 이그잭틀리
I don't know exactly.

매이비 잇츠 유어 후렌드
Maybe it's your friend.

❹ 올 라잇 풋 힘 쓰루
All right, Put him through.

WORDS & PHRASES 🎵

• put에 관한 단어
put aside : 제쳐두다
put off : 연기하다
put on : 입다. 차리다
put to use : 사용하다

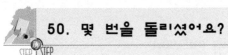

50. 몇 번을 돌리셨어요?

STEP STEP ◀

❶ 여보세요?

❷ 미스터 리 있습니까?

❸ 그런분 여기 안계신데요.

몇 번을 돌리셨어요?

❹ 862-2645

❺ 전화를 잘못 거셨습니다.

❻ 미안합니다.

❼ 괜찮습니다.

홧 넘버 디 쥬 다이얼
What number did you dial?

❶ 헬로우
Hello?

❷ 이즈 미스터 리 데어
Is Mr. Lee there?

❸ 노 원 히어 바이 댓 네임
No one here by that name.

홧 넘버 디 쥬 다이얼
What number did you dial?

❹ 에잇 식스 투 투 식스 훠 화이브
862-2645

❺ 유 해브 더 뤼웡 넘버
You have the wrong number.

❻ 아임 쏘리
I'm sorry.

❼ 댓츠 올 라이트
That's all right.

❶ 미스터 강 사무실입니다.

❷ 여보세요, 미스터 강좀 바꿔주시겠어요?

❸ 그는 지금 회의중이신데요.

❹ 회의 끝나고 272-6265의 미스 민에게

전화좀 해 달라고 전해 주시겠어요?

❺ 예, 물론이죠.

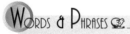

WORDS & PHRASES 32

- **speak** : 말하다
- **office** : 사무실
- **sure** : 확실한, 틀림없는

메이 아이 스픽 투 미스터 강
May I speak to Mr. kang?

① 미스터 강스 오피스
Mr. Kang's office.

② 헬로우 메이 아이 스픽 투 미스터 강
Hello. May I speak to Mr. Kang?

③ 히 이즈 해빙 어 미팅 나우
He is having a meeting now.

④ 우 쥬 애스크 힘 투 콜 미스 민
Would you ask him to call Miss. Min

앳 투 세븐 투 씩스 투 씩스 화이브 애프터 미팅
at 272-6265 after meeting?

⑤ 예스 슈어
Yes, Sure.

WORDS & PHRASES ③

• would : 「~할 수 있을 것이다.」라는 미래의 일을
표현하기 위해 쓰이는 조동사로 will의 과거형.
would는 「말하는 이의 희망을 나타낼 때도 쓰임」

❶ 이것 좀 항공우편으로 보내려고 합니다.

---

❷ 내용물이 무엇입니까?

---

❸ 인쇄물입니다.

---

❹ 중량을 달아 보겠습니다.

---

❺ 뉴욕까지의 항공 우편은 얼마입니까?

---

❻ 알아보겠습니다.

WORDS & PHRASES 32

• printed matter : 인쇄물
• content : 내용, 중량
• else : 그 밖의

하우 머취 이즈 언 에어메일 레터 투 뉴 욕
How much is an airmail letter to New York?

1 아이드 라이크 투 쎈드 디스 에어메일
I'd like to send this airmail.

2 왓 아 더 콘텐츠
What are the contents?

3 잇츠 어 프린티드 매터
It's a printed matter.

4 위일 해브 투 웨이 잇 앤드 씨
We'll have to weigh it and see.

5 하우 머취 이즈 언 에어메일 레터 투 뉴 욕
How much is an airmail letter to New York?

6 아일 해브 투 체크
I'll have to check.

WORDS & PHRASES 32

- send : 보내다
- stamp : 우표
- airmail : 항공우편

53. 여기서 거리가 얼마나 됩니까?

❶ 조선 호텔까지 부탁합니다.

---

❷ 좋습니다.

---

❸ 여기서 거리가 얼마나 됩니까?

---

❹ 약 10km쯤 됩니다.

---

❺ 먼 거리군요.

시간은 얼마나 걸립니까?

---

❻ 약 30분 정도 걸립니다.

---

❼ 좀 빨리 달릴 수 있습니까?

---

❽ 아니오, 그럴 수는 없습니다.

126

How far is it from here?
하우 화 이즈 후럼 히어

① 테이크 미 투 더 조선 호텔
Take me to the Chosun Hotel.

② 올 라잇 써
All right, sir.

③ 하우 화 이즈 잇 후럼 히어
How far is it from here?

④ 어바웃 텐 키로미터즈
About ten kilometers.

⑤ 잇츠 어 롱 디스턴스
It's a long distance.

하우 롱 윌 잇 테이크
How long will it take?

⑥ 어바웃 써티 미닛츠
About thirty minutes.

⑦ 캔 유 드라이브 어 리틀 훼스트
Can you drive a little fast?

⑧ 노우 아이 캔트
No, I can't.

❶ 미스터 문, 당신은 어디에 살고 있습니까?

❷ 나는 수원에 살고 있습니다.

❸ 당신의 사무실은 인천에 있죠, 그렇죠?

❹ 예, 그렇습니다.

❺ 당신의 사무실까지 자가용으로 가십니까?

❻ 아니요, 전철로 갑니다.

WORDS & PHRASES

- live : 살다
- I live in : 나는 ~에 산다
- drive : 운전하다
- by : ~로
- train : 전철, 열차

훼어 두 유 리브 미스터 윤
Where do you live, Mr. Moon?

① 훼어 두 유 리브 미스터 문
Where do you live, Mr. Moon?

② 아이 리브 인 수원
I live in Suwon.

③ 유어 오피스 이즈 인 인천 라잇
Your office is in Inchon, right?

④ 에스 잇 이즈
Yes, it is.

⑤ 두 유 드라이브 투 유어 오피스
Do you drive to your office?

⑥ 노우 아이 고우 바이 츄레인
No, I go by train.

편지를 받고

▶편지 감사합니다.
땡큐 포 유어 래러
Thank you for your letter.

▶귀하의 편지 잘 받았습니다.
땡큐 베리 마치 포 유어 카인드 래러
Thank you very much for your kind letter.

55. 봄은 참 좋은 계절이죠.

❶ 온 종일 이슬비가 내리는군요.

❷ 새싹이 돋아나는 데 많은 도움이 될 거예요.

❸ 논에도 역시 좋구요.

❹ 봄은 참 좋은 계절이죠, 그렇죠?

❺ 예, 그렇습니다.

WORDS & PHRASES ☜32

- drizzle : 가랑비
- new bud : 새싹
- come out : 드러나다
- rice : 쌀
- season : 계절
- special : 특별한
- plan : 계획
- take a trip : 여행하다

스프링 이즈 어 굿 씨즌
Spring is a good season.

① 잇츠 빈 드리즐링 올 데이
It's been drizzling all day.

② 잇일 헬프 더 뉴 버즈 컴 아웃
It'll help the new buds come out.

③ 잇츠 굿 훠 더 라이스 패디즈 투
It's good for the rice paddies, too.

④ 스프링 이즈어 굿 씨즌 이즌 잇
Spring is a good season, isnt it?

⑤ 예스 잇 이즈
Yes, it is.

길을 물을 때

▶여기 지도가 있습니다. 계신 곳이 이 지점입니다.
히어즈 어 맵 디스 이즈 웨어 유 아 나우
Here's a map. This is where you are now.

▶저는 지금 종로 2가에 있군요.
아임 온 종로 엔드 써컨 스츠리트 에인트 아이
I'm on Jongro and second Street, ain't I.

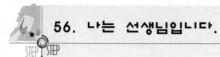

56. 나는 선생님입니다.

STEP STEP ◀

❶ 무슨 일을 하시는지 물어봐도 됩니까?

❷ 나는 선생님입니다.

❸ 당신은 무슨 과목을 가르치십니까?

❹ 나는 여자고등학교에서 영어를 가르치고 있습니다.

❺ 가르치는 직업이 좋다고 생각하십니까?

❻ 예, 그렇습니다. 전 일생을 교육에 헌신할 겁니다.

WORDS & PHRASES ♋

- teacher : 선생님
- subject : 과목
- girls' high school : 여자고등학교
- job : 일, 직업
- devout : 바치다, 헌신하다
- education : 교육

아임 어 티쳐
I'm a teacher

① 메이 아이 애스크 홧 유 두
May I ask what you do?

② 아임 어 티쳐
I'm a teacher.

③ 홧 썹젝 두 유 티취
What subject do you teach?

④ 아이 엠 티췽 잉글리쉬 앳 걸즈 하이 스쿨
I am teaching English at girls' high school.

⑤ 두 유 씽크 티췽 이즈 어 굿 잡
Do you think teaching is a good job?

⑥ 예스 아이 두 아일 디보우트 마이 라이트 투 에듀케이션
Yes, I do. I'll devout my life to education.

길을 물을 때

▶가르쳐 드리고 말고요. 한국엔 처음 오셨습니까?
슈어 이즈 디스 유어 퍼스트 비짓 투 커리아
Sure. Is this your first visit to Korea?

▶23번 버스를 타십시오. 정류장은 바로 저쪽입니다.
테이크 버스 넘버 투 투에니 뜨리 데이즈 어 버스 땁 오우브 데어
Take bus number 23. There's a bus stop over there.

57. 부탁을 드려도 될까요?

STEP | STEP ◀

❶ 제가 당신께 부탁을 드려도 될까요?

❷ 물론이죠. 무엇을 도와드릴까요?

❸ 이것을 우리집까지 배달해 주시겠어요?

❹ 예, 그러지요. 그런데 당신은 바쁘십니까?

❺ 예, 난 지금 김포공항에 가야만 해요.

WORDS & PHRASES ✎

- favor : 청, 도움
- husband : 남편
- deliver : 배달하다
- airport : 공항
- to : ~까지
- be scheduled to : ~할 예정이다
- certainly : 확실히, 반드시
- right now : 지금, 당장

134

메이 아이 애스크 어 훼이버 오브 유
May I ask a favor of you?

① 메이 아이 애스크 어 훼이버 오브 유
May I ask a favor of you?

② 오브 코스 홧 캔 아이 두 훠 유
Of course. What can I do for you?

③ 캔 유 딜리버 잇 투 마이 홈
Can you deliver it to my home?

④ 써튼리 바이 더 웨이 아 유 비지
Certainly. By the way, are you busy?

⑤ 예스 아이 머스트 고우 투 더 김포 에어포트 라잇 나우
Yes, I must go to the Kimpo airport right now.

길을 물을 때

▶이 근처에 주유소가 있다고 하던데요.
아이 워즈 토올드 데어즈 어 게쓰 스때이션 어라운드 히어
I was told there's a gas station around here.

▶도로에서 조금 들어가 있습니다.
더 게쓰 스때이션 이즈 어 리틀 웨이 어싸이드 프롬 더 로우드
The gas station is a little way aside from the road.

58. 샴푸해 드릴까요?

❶ 머리 스타일을 어떻게 해 드릴까요?

❷ 전체적으로 짧게 잘라주세요.

❸ 샴푸도 해 드릴까요?

❹ 아니오, 됐습니다.

❺ 제 생각으로는 당신은 머리를 염색하셔야겠어요.

❻ 전 주말에 할 겁니다.

WORDS & PHRASES 32

- cut : 자르다
- short : 짧은
- shampoo : 샴푸

두 유 원트 어 샴푸
Do you want a shampoo?

① 하우 두 유 원트 유어 헤어 스타일
How do you want your hair style?

② 컷 잇 숏 올 오우버
Cut it short all over.

③ 두 유 원트 어 샴푸
Do you want a shampoo?

④ 노우 아이 돈
No, I don't

⑤ 유 니드 투 다이 유어 헤어 이후 아이 메이 써제스트
You need to dye your hair if I may suggest.

⑥ 아이 윌 다이 온 더 위켄드
I will dye on the weekend.

WORDS & PHRASES ♋

• hair : 머리카락
• dye : 염색하다
• weekend : 주말

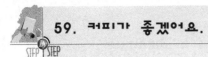
❶ 무엇을 드시겠습니까?

---

❷ 스테이크 샌드위치 하나 먹겠어요.

---

❸ 전 불고기로 하겠습니다.

---

❹ 마실 것은 뭘 드릴까요?

---

❺ 커피가 좋겠어요.

---

❻ 같은 걸로 하겠습니다.

---

❼ 알겠습니다.

WORDS & PHRASES 32

• try : 노력하다
• steak : 두껍게 썬 고기
• sandwich : 샌드위치

커피 우드 비 화인
Coffee would be fine.

① 왓 두 유 원트
What do you want?

② 아일 츄라이 어 스테이크 샌드위취
I'll try a steak sandwich.

③ 아이드 라이크 투 해브 어 불고기
I'd like to have a bulgogi.

④ 왓 우쥬 라이크 투 드링크
What would you like to drink?

⑤ 커피 우드 비 화인
Coffee would be fine.

⑥ 메이크 잇 더 쎄임
Make it the same.

⑦ 올 라잇 땡 큐
All right. Thank you.

WORDS & PHRASES

- drink : 마시다
- bulgogi : 불고기
- same : 같은

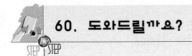

60. 도와드릴까요?

STEP ; STEP ◀

❶ 도와드릴까요?

----

❷ 햄버거 하나만 주세요.

----

❸ 콜라 주세요.

----

❹ 여기서 드실래요, 아니면 싸 가실래요.

----

❺ 가져 가겠습니다.

----

❻ 전 여기서 먹겠습니다.

----

❼ 예, 앉아 계시면 가져다 드리죠.

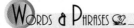

WORDS & PHRASES ✇

- Hamburger : 햄버거
- get : 얻다
- coke : 콜라

140

메 이 아 이 헬 프 유
May I help you?

메이 아이 헬프 유
① May I help you?

아이드 라이크 어 햄버거 플리즈
② I'd like a Hamburger, please.

어 코크 플리즈
③ A Coke, please.

히어 오아 투 고우
④ Here, or to go?

투 고우
⑤ To go.

아이 원 투 해브 히어
⑥ I want to have here.

오우케이 씻 다운 앤드 아이일 겟 잇
⑦ OK, Sit down and I'll get it.

WORDS & PHRASES ③2

- sit down : 앉다
- please : 상대방에게 정중한 부탁을 할 때
- stand up : 일어서다

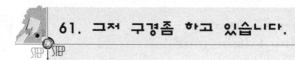
❶ 무엇을 찾으세요.

----

❷ 저는 그저 구경좀 하고 있습니다.

----

❸ 알겠습니다.

도움이 필요하시면 절 불러 주십시오.

----

❹ 상점을 몇 시까지 엽니까?

----

❺ 오후 7시에 닫습니다.

----

❻ 내일 문을 여십니까?

----

❼ 아니오, 내일은 공휴일입니다.

영업
시간

아이 엠 져스트 룩킹
I am just looking.

❶ 홧 두 유 원트
What do you want?

❷ 아이 엠 져스트 룩킹
I am just looking.

❸ 올 라잇
All right.

인 케이스 유 니드 헬프 콜 미
In case you need help, call me.

❹ 하우 레이트 아 유 오픈
How late are you open?

❺ 위일 비 클로우즈드 앳 쎄븐
We'll be closed at seven.

❻ 윌 유 비 오픈 투모로우
Will you be open tomorrow?

❼ 노우 잇츠 어 내쇼널 할리데이
No, it's a national holiday.

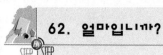
❶ 이 만년필 얼마입니까?

❷ 5달러입니다.

❸ 이 모자는 얼마입니까?

❹ 10달러입니까?

❺ 너무 비싸군요.

   좀 싸게 안될까요?

❻ 미안하지만 할인판매는 안하는데요.

❼ 이 만년필을 사겠습니다.

하우 머취
How much?

① 하우 머취 이즈 댓 화운튼 펜
How much is that fountain pen?

② 화이브 달러즈
Five dollars.

③ 하우 머취 이즈 디스 햇
How much is this hat?

④ 텐 달러즈
Ten dollars.

⑤ 투 익스펜씨브
Too expensive.

캔 유 컴 다운 어 리틀
Can you come down a little?

⑥ 쏘리 위 돈 디스카운트
Sorry, we don't discount.

⑦ 아이 윌 테이크 디스 화운튼 펜
I will take this fountion pen.

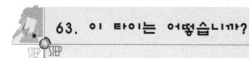

❶ 당신의 와이셔츠 색깔이 당신에게 잘 어울리는군요.

❷ 감사합니다.

이 타이는 어떻습니까?

❸ 그것 또한 당신께 잘 어울려요.

❹ 색깔은 어떻습니까?

❺ 입으신 양복과 잘 어울립니다.

❻ 감사합니다.

WORDS & PHRASES

- tie : 타이
- look good on : ~에 잘 어울린다
- color : 색깔

홧 두 유 씽크 오브 디스 타이
What do you think of this tie?

① 유어 와이 셧 컬러 룩스 굿 온 유
Your Y-shirt color looks good on you.

② 땡 큐
Thank you.

홧 두 유 씽크 오브 디스 타이
What do you think of this tie?

③ 잇 룩스 굿 온 유 투
It looks good on you, too.

④ 홧 어바웃 더 컬러
What about the color?

⑤ 잇 고즈 웰 위드 유어 슛
It goes well with your suit.

⑥ 땡 큐
Thank you.

WORDS & PHRASES

- suit : 양복
- think : 생각하다
- department store : 백화점

64. 참 예쁘군요.

❶ 이 드레스 어떻습니까?

----

❷ 참 예쁘군요.

----

❸ 고맙습니다. 아주 싸게 샀어요.

----

❹ 얼마 주었는데요.

----

❺ 10달러 주었어요.

----

❻ 정말 싸게 사셨네요.

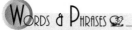

WORDS & PHRASES ✑

- dress : 옷
- steal : 장물, 횡재
- pay : 지불하다
- pretty : 꽤, 아주, 매우
- real : 정말의, 실제의

148

댓츠 베리 프리티
That's very pretty.

① 홧 두 유 씽크 오브 디스 드레스
What do you think of this dress?

② 댓츠 베리 프리티
That's very pretty.

③ 땡 큐 잇 워즈 어 스틸
Thak you. It was a steal.

④ 하우 머취 디 쥬 페이
How much did you pay?

⑤ 텐 달러즈
Ten dollars.

⑥ 잇츠 어 리얼 굿 바이
It's a real good buy.

WORDS & PHRASES 32

• 백화점에 관한 단어
department : 매장
bargain sale : 염가매출
counter : 계산대
sales clerk : 점원

65. 이것은 무슨 꽃입니까?

STEP STEP   ◀

❶ 이것은 무슨 꽃입니까?

----

❷ 그것은 장미입니다.

----

❸ 장미는 어떤 종류의 색깔들이 있습니까?

----

❹ 몇 가지가 있습니다.

   노랑색, 하얀색, 빨강색, 분홍색 등등이 있죠.

----

❺ 카네이션도 있습니까?

----

❻ 예, 있습니다.

WORDS & PHRASES ♫

- flower : 꽃
- pink : 분홍색
- rose : 장미
- red : 빨강색
- kind : 종류
- white : 흰색

홧 폴라워 이즈 디스
What flower is this?

① 홧 폴라워 이즈 디스
What flower is this?

② 잇츠 어 로우즈
It's a rose.

③ 홧 카인드 오브 컬러즈 더즈 더 로우즈 해브
What kind of colors does the rose have?

④ 쎄브럴
Several.

데어 아 옐로우 화이트 레드 핑크 엔드 쏘우 온
There are yellow, white, red, pink, and so on.

⑤ 아 데어 카네이션즈
Are there carnations?

⑥ 예스 데어 아
Yes, there are.

WORDS & PHRASES ♬

- several : 몇몇 개
- carnation : 카네이션
- yellow : 노랑색
- so on : 등등

❶ 오늘 아침 어떠십니까?

----

❷ 몸이 불편합니다.

----

❸ 무슨 좋지 않은 일이라도 있으십니까?

----

❹ 지독한 감기에 걸렸습니다.

어제 과로했거든요.

----

❺ 건강 조심하십시오.

건강이 우리 생활에 가장 중요한 것입니다.

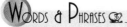

WORDS & PHRASES

- wrong : 나쁜
- feel : 느끼다
- under : 아래

152

홧츠 롱 위드 유
What's wrong with you?

① 하우 아 유 디스 모닝
How are you this morning?

② 아임 휠링 언더 더 웨더
I'm feeling under the weather.

③ 홧츠 롱 위드 유
What's wrong with you?

④ 아이 해브 어 배드 콜드
I have a bad cold.

아이 오우버워크트 예스터데이
I overworked yesterday.

⑤ 테이크 케어 오브 유어 헬쓰
Take care of your health.

헬쓰 이즈 더 모스트 임포턴트 씽 인 아워 라이후
Health is the most important thing in our life.

WORDS & PHRASES ㉜

- weather : 날씨
- cold : 추운, 감기
- health : 건강

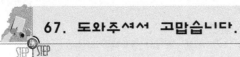

❶ 도와주셔서 고맙습니다.

❷ 천만에요.

❸ 당신은 좋은 친구입니다.

❹ 그렇게 생각해주니 기쁘군요.

❺ 그런데, 당신의 직업은 무엇입니까?

❻ 난 책 판매원입니다.

❼ 어떤 책을 파시는데요.

❽ 어린이들을 위한 그림책이죠.

땡 큐 휘 유어 헬프
Thank you for your help.

❶ 땡 큐 휘 유어 헬프
Thank you for you help.

❷ 돈 멘숀 잇
Don't mention it

❸ 유어 어 굿 후렌드
You're a good friend.

❹ 아임 글래드 유 휠 댓 웨이
I'm glad you feel that way.

❺ 바이 더 웨이 왓 이즈 유어 오큐페이션
By the way, what is your occupation?

❻ 아이 엠 어 북 세일즈맨
I am a book salesman.

❼ 왓 북 두 유 셀
What book do you sell?

❽ 픽춰 북스 휘 췰드런
Picture books for children.

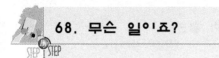
❶ 좀 도와 주시겠습니까?

❷ 무슨 일이죠?

❸ 제 차가 고장이 났어요.

❹ 어떻게 고장 났습니까?

❺ 전혀 움직이질 않아요.

❻ 그래요? 제가 고쳐 드리죠.

WORDS & PHRASES ㉜

- out of order : 고장나다
- matter : 문제
- move : 움직이다
- not~at all : ~전혀 ~않다

홧츠 더 매터
What's the matter?

① 캔 유 기브 미 어 핸드
Can you give me a hand?

② 홧츠 더 매터
What's the matter?

③ 마이 카 이즈 아웃 오브 오더
My car is out of order.

④ 홧 메이크 이즈 잇
What make is it?

⑤ 잇 더즌트 무브 앳 올
Iy doesn't move at all.

⑥ 이즈 댓 라잇 아일 테이크 케어 오브 잇
Is that right? I'll take care of it.

초대를 받고

▶초대해 주셔서 감사합니다.
땡큐 포 인바이딩 미
Thank you for inviting me.

▶저녁식사에 초대해 주셔서 감사합니다.
땡큐 포 인바이딩 미 투 디너
Thank you for inviting me to dinner.

69. 바테리를 좀 봐드릴까요?

STEP ↑ STEP ◀

❶ 언레딧 개스로 가득 채워주세요.

❷ 바테리도 좀 봐 그릴까요.

❸ 아니요, 괜찮습니다.

얼마입니까?

❹ 20달러입니다.

WORDS & PHRASES 32

- should : shall의 과거
- fill up : 채우다
- check : 검사하다
- battery : 바테리, 전지

158

슈드 아이 첵 더 배터리
Should I check the battery?

① 휠 잇 업 위드 언레디드 개스
Fill it up with unlesded gas.

② 슈드 아이 체크 유어 배터리
Should I check your battery?

③ 노우 땡 큐
No, thank you.

하우 머취 이즈 잇
How much is it?

④ 트웬티 달러즈
Twenty dollars.

초대할 때

▶ **결혼식에 초대해 주셔서 감사합니다.**
땡큐 포 인바이딩 미 투 유어 웨딩 쎄러모우니
Thank you for inviting me to your wedding ceremony.

▶ **생일파티에 초대해 주셔서 감사합니다.**
땡큐 포 인바이딩 미 투 유어 벌스데이 파리
Thank you for inviting me to your birthday party.

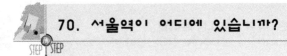

70. 서울역이 어디에 있습니까?

STEP STEP ◀

❶ 서울역이 어디에 있습니까?

❷ 다음번 모퉁이에서 왼쪽으로 돌아가시오.

❸ 거기서 수원행 전철표를 살 수 있습니다.

❹ 물론이죠.

❺ 오, 감사합니다.

❻ 천만에요.

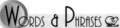 WORDS & PHRASES 🎵

- left : 왼쪽
- station : 역
- train ticket : 전철표
- corner : 모퉁이

- of course : 물론

훼어 이즈 서울 스테이션
Where is Seoul station?

1 훼어 이즈 서울 스테이션
Where is Seoul station?

2 턴 레후트 앳 더 넥스트 코너
Turn left at the next corner.

3 캔 아이 바이 어 츄레인 티켓 휘 수원 데어
Can I buy a train ticket for Suwon there?

4 오브 코오스
Of course.

5 오우 땡 큐
Oh, thank you.

6 유어 웰컴
You're welcome.

WORDS & PHRASES 32

• turn에 관한 숙어
turn aside : 빗나가다   turn away : 빗나가다
turn to : ~에 착수하다   by turns : 교대로
in turn : 차례로

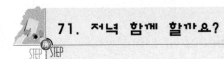

71. 저녁 함께 할까요?

STEP ↑ STEP ◀

❶ 여보세요, 미스터 김좀 바꿔주시겠습니까?

---

❷ 전데요, 전화하신 분이 누구십니까?

---

❸ 저는 미스터 박입니다.

오늘이 제 생일이거든요.

저와 저녁 함께 할 수 있습니까?

---

❹ 그럼요, 생일을 축하드립니다.

WORDS & PHRASES

• happy : 행복한
• join : 가입하다, 함께 하다
• dinner : 저녁
• birthday : 생일

162

캔 유 조인 위드 미 훠 디너
Can you join with me for dinner?

① 헬로우 메이 아이 스피크 투 미스터 킴
Hello, May I speak to Mr. Kim?

② 디스 이즈 히 후 이즈 콜링
This is he. Whe is calling?

③ 디스 이즈 미스터 박
This is Mr. Park.

투데이 이즈 마이 버쓰데이
Today is my birthday.

캔 유 조인 위드 미 훠 디너
Can you join with me for dinner?

④ 슈어 아이 캔 해피 버쓰데이
Sure, I can. Happy birthday.

파티를 열어줄 때

▶저를 위해 파티를 열어주어 감사합니다.

땡큐 포 기빙 어 파티 포 미
Thank you for giving a party for me.

▶저를 위해 환영회를 열어주어 감사합니다.

땡큐 포 기빙 어 웰컴 파티[어 리셉숀]포 미
Thank you for giving a welcome party[a reception] for me.

72. 날씨가 참 좋군요!

◀

❶ 날씨가 참 좋군요!

오늘 할 일 있으세요?

❷ 아니오, 없습니다.

❸ 그럼 저와 함께 피크닉 가시지 않겠어요?

❹ 좋습니다. 참 좋은 생각이예요.

❺ 어디가 제일 좋을까요?

❻ 춘천에 있는 소양강이 어떨까요?

- sky : 하늘
- something : 뭔가
- go on a picnic : 소풍가다

164

홧 어 비우티풀 스카이
What a beautiful sky!

1
홧 어 비우티풀 스카이
What a beautiful sky!

두 유 해브 썸씽 투 두 투데이
Do you have something to do today?

2
노우 아이 돈
No, I don't.

3
덴 화이 돈 츄 고우 온 어 피크닉 위드 미
Then, why don't you go on a picnic with me?

4
오우 케이 댓츠 어 굿 아이디어
O.K, That's a good idea.

5
홧 이즈 더 베스트 플레이스 투 고우
What is the best place to go?

6
하우 어바웃 소양 리버 앳 춘천
How about SoYang River at Choon Chun?

WORDS & PHRASES 32

- idea : 생각
- best place : 가장 좋은 곳

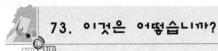

❶ 진열장에 있는 저 타이좀 보여 주십시오.

❷ 어느 것 말입니까, 선생님

❸ 저 빨강색 말입니다.

❹ 이것 말입니까?

❺ 예, 얼마입니까?

❻ 2만원입니다.

❼ 너무 비싸군요!

조금 싼 것은 없습니까?

❽ 이것은 어떻습니까?

How about this one?
하우 어바웃 디스 원

1 렛 미 시 댓 타이 인 더 쇼우케이스
Let me see that tie in the showcase.

2 휘치 원 써
Which one, sir.

3 댓 레드 원
That red one.

4 디스 원
This one?

5 예스 하우 머취 이즈 잇
Yes. How much is it?

6 트웬티 싸우전드 원 써
Twenty thousand won, sir.

7 투 익스펜시브
Too expensive!

해브 유 에니씽 취퍼
Have you anything cheaper?

8 하우 어바웃 디스 원
How about this one?

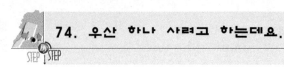

74. 우산 하나 사려고 하는데요.

❶ 밖에 비가 옵니까?

❷ 예, 아주 많이 내리고 있어요.

❸ 우산 하나 사려고 하는데요.

  어디로 가야 할까요?

❹ 백화점에 가시는 게 좋을겁니다.

❺ 알았습니다. 여기서 가장 가까운

  백화점이 무엇입니까?

❻ 미도파 백화점요.

아이 원 투 겟 언 엄브렐러
I want to get an umbrella.

1 이즈 잇 레이닝 아웃사이드
Is it raining outside?

2 예스 잇 이즈 레이닝 얼 랏
Yes, it is raining a lot.

3 아이 원 투 겟 언 엄브렐러
I want to get an umbrella.

훼어 두 아이 해브 투 고우
Where do I have to go?

4 유드 베터 고우 투 더 디파트먼트 스토어
You'd better go to the Department store.

5 아이 씨 홧 이즈 더 니어리스트 디파트먼트
I see. What is the nearest Department

스토어 히어
store here

6 미도파
Midopa.

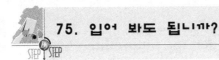

75. 입어 봐도 됩니까?

❶ 드레스 한 벌 사려는데요.

❷ 이것은 어떻습니까?

❸ 입어봐도 됩니까?

❹ 물론입니다.

❺ 이것이 나에게 맞을거라고 생각하십니까?

❻ 예, 그것은 당신에게 아주 잘 어울릴겁니다.

　 이 드레스는 올해 아주 유행입니다.

WORDS & PHRASES 32

- try on : 옷을 입어보기
- dress : 옷
- fit : 적당한

170

메이 아이 츄라이 잇 온
May I try it on?

1 아이 원트 어 드레스
I want a dress.

2 하우 어바웃 디스 원
How about this one?

3 메이 아이 츄라이 잇 온
May I try it on?

4 오브 코오스
Of course.

5 두 유 씽크 잇 윌 핏 미
Do you think it will fit me?

6 예스 잇 윌 룩 굿 온 유
Yes, it will look good on you.

디스 드레스 이즈 콰이트 파퓰러 디스 이어
The dress is quite popular this year.

WORDS & PHRASES 32

- popular : 인기있는, 유행의
- quite : 아주, 확실한

76. 전화를 잘못 거신 것 같습니다.

STEP STEP ◀

① 여보세요.

② 여보세요, 미스터 강 계십니까?

③ 여기 그런 사람 없는데요.

   전화를 잘못 거신 것 같습니다.

④ 거기가 267-5511 아닙니까?

⑤ 아닌데요.

WORDS & PHRASES ♫

- name : 이름
- no-one by that name : 그런 사람이 없습니다.
- wrong number : 잘못온 전화
- I am very sorry : 미안하다, 죄송하다

유 머스트 해브 갓 더뤄엉 넘버
You must have got the wrong number.

① 헬로우
Hello.

② 헬로우 메이 아이 스픽 위드 미스터 강
Hello, May I speak with Mr. Kang?

③ 데어 이즈 노우 원 바이 댓 네임 히어
There is no-one by that name here.

유 머스트 해브 갓 더 롱 넘버
You must have got the wrong number.

④ 이즈 디스 투 씩스 쎄븐 화이브 화이브 원 원
Is this 267-5511.

⑤ 노우 잇 이즌트
No, it isn't

선물을 받고 감사할 때

▶ 좋은 선물을 주셔서 대단히 감사합니다.
땡큐 베리 머취 포 유어 나이스 프레즌트
Thank you very much for your nice present.

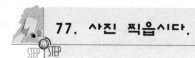

77. 사진 찍읍시다.

STEP STEP ◀

❶ 경치가 참 훌륭한데요!

❷ 사진 찍읍시다.

❸ 당신은 좋은 사진기를 가지고 계세요?

❹ 예, 하지만 사진 찍는 기술이 형편없어요.

❺ 그렇게 생각치 않는데요.

❻ 아닙니다, 전 초보자예요.

WORDS & PHRASES

- nice : 좋은
- photograph : 사진
- camera : 사진기
- poor : 가난한, 빈약한
- beginner : 초보자
- take a picture : 사진 찍다
- view : 경치

174

렛츠 테이크 어 픽춰
Let's take a picture.

① 홧 어 원더풀 비우
What a wonderful view!

② 레츠 테이크 어 픽칭
Let's take a picture.

③ 두 유 해브 어 나이스 캐므러
Do you have a nice camera?

④ 예스 밧 아임 어 푸어 포터그래퍼
Yes. But I'm a poor photographer.

⑤ 아이 우든 쎄이 댓
I wouldn't say that.

⑥ 노우 아임 저스트 어 비긴너
No, I'm just a beginner.

늦었을 때

▶늦어서 미안합니다. [죄송합니다]

아임 쏘리 아임 래잇
I'm sorry I'm late.

▶기다리게 해서 미안합니다.

쏘리 아이브 캡 추 웨이딩
Sorry I've kept you waiting.

사진 찍기 **175**

78. 마지막 회가 몇 시에 시작됩니까?

STEP STEP ◀

1 세종문화회관입니까?

2 예, 그렇습니다.

3 오늘 프로가 멉니까?

4 런던 교향악단 연주입니다.

5 마지막회가 몇 시에 시작됩니까?

6 마지막회는 오후 8시에 시작합니다.

WORDS & PHRASES ♫

- Symphony Orchestra : 교향악단
- last : 마지막
- start : 출발하다
- admission : 입장료
- adult : 성인

홧 타임 더즈 더 래스트 플레이 스타트
What time does the last play start?

① 이즈 디스 더 세종 컬츄럴 쎈터
Is this the Sejong Cultural Center?

② 예스 잇 이즈
Yes, it is.

③ 홧즈 프레잉 투데이
What's playing today?

④ 런던 심포니 오케스트러
"London Symphony Orchestra"

⑤ 홧 타임 더즈 더 래스트 플레이 스타트
What time does the last play start?

⑥ 더 래스트 스타츠 앳 에잇 피 엠
The last starts at eight p.m.

기분을 상하게 했을 때

▶ 기분을 상하게 해드렸다면 사과합니다.
이프 아이브 허트 유어 필링즈 아이 어팔러자이즈
If I've hurt your feelings, I apologize.

▶ 기분 나쁘게 해드렸다면 사과합니다.
이프 아이브 어팬디드 유 아이 어팔러자이즈
If I've offended you, I apologize.

❶ T.V에서 지금 뭘합니까?

❷ 뉴스합니다.

❸ 다른 채널에서는 뭘합니까?

❹ 뮤지컬요.

❺ 그걸 봐도 괜찮겠어요?

❻ 예, 나는 뮤지컬을 좋아합니다.

❼ T.V를 자주 시청하십니까?

❽ 예, 많이 봅니다.

두 유 오픈 워치 텔레비젼
Do you often watch television?

① 홧츠 온 티 비 나우
What's on T.V. now?

② 어 뉴스 쇼우
A news show.

③ 홧츠 온 언아더 채널
What's on another channel?

④ 데어즈 어 뮤지컬
There's a musical.

⑤ 두 유 마인드 이후 위 윗취 잇
Do you mind if we watch it?

⑥ 아이 라이크 어 뮤지컬
I like a musical.

⑦ 두 유 오픈 윗취 텔레비젼
Do you often watch television?

⑧ 예스 아이 윗취 얼 랏
Yes. I watch a lot.

❶ 무슨 스포츠를 가장 좋아하십니까?

❷ 전 야구를 무척 좋아합니다.

❸ 야구가 한국에서 무척 인기가 있죠, 그렇죠?

❹ 예, 그렇습니다.

한국에는 7개의 프로 야구팀이 있어요.

❺ 미국에서는 미식축구가 가장 인기가 있습니다.

WORDS & PHRASES ❸❷ _____

- baseball : 야구
- football : 축구
- professional : 직업의
- popular : 인기있는
- most : 가장

What is your best sports?
왓 이즈 유어 베스트 스포츠

1 What is your best sports?
왓 이즈 유어 베스트 스포츠

2 I love baseball.
아이 러브 베이스볼

3 Baseball is popular in Korea, isn't it?
베이스볼 이즈 파퓰러 인 코리어 이즌 잇

4 Yes, it is.
예스 잇 이즈

Korea has sevan professional baseball teams.
코리어 해즈 쎄븐 프로훼쇼널 베이스볼 팀즈

5 In America, American football is the most popular.
인 어메리커 어메리컨 풋볼 이즈 더 모스트 파퓰러

오랫동안 편지를 못하고

▶이렇게 오랫동안 격조하여 사과를 드려야겠습니다.
아이 머스트 어팔러자이즈 투 유 포 낫 라이팅 포 서치 어 롱 타임
I must apologize to you for not writing for such a long time.

▶무어라 사과를 드려야할지 모르겠습니다.
아이 도운 노우 왓 익스큐즈 투 오퍼
I don't know what excuse to offer.

스포츠 **181**

81. 당신은 음악듣길 좋아합니까?

❶ 당신은 팝송 한 곡 부르시겠습니까?

❷ 글쎄요, 전 노래를 썩 잘하지 못합니다.

　감기가 들었거든요.

❸ 당신은 음악듣길 좋아합니까?

❹ 예, 그렇습니다. 특히,

　베토벤의 미완성 교향곡을 좋아합니다.

- singer : 가수
- song : 노래
- especially : 특히
- Unfinished Symphony : 미완성 교향곡

182

두 유 라이크 투 리슨 투 뮤직
Do you like to listen to music?

1 캔 유 씽 어 팝 송 휘 미
Can you sing a pop song for me?

2 웰 아이 돈 씽 어 쏭 베리 웰
Well, I don't sing a song very well.

아이 해브 어 콜드
I have a cold

3 두 유 라이크 투 리슨 투 뮤직
Do you like to listen to music?

4 예스 아이 두 이스페셜리
Yes, I do. Especially,

아이 라이크 베토벤스 언휘니쉬드 심포니
I like Beethoven's "Unfinished Symphony".

사과와 양해를 구할 때

▶ 내가 저지른 일을 사과합니다.
아이 어팔러자이즈 포 왓 아이 디드
I apologize for what I did.

▶ 실례[무례]를 사과합니다.
아이 어팔러자이즈 투 유 포 마이 루드니쓰
I apologize to you for my rudeness.

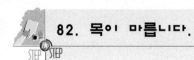
❶ 오늘 날씨가 무척 덥죠, 그렇치 않습니까?

❷ 예, 그래요. 푹푹 찌는 무더운 날씨입니다.

❸ 이 무더운 날씨 때문에 목이 마르군요.

❹ 저도 그렇습니다. 뭘 좀 마십시다.

❺ 영국에는 지금 무슨 계절입니까?

❻ 지금 여름입니다..

Words & Phrases ♫

- hot : 더운
- terribly : 매우, 지독히
- sizzle : 지글지글 끓다
- thirsty : 목마른
- season : 계절
- England : 영국

아이 엠 써스티
I am thirsty.

① 투데이 이즈 테러블리 핫 이즌 잇
Today is terribly hot, isn't it?

② 써튼리 잇 이즈 어 씨즐링 핫 데이
Certainly. It is a sizzling hot day.

③ 아이 엠 베리 써스티 비코오즈 오브 디스 핫 웨더
I am very thirsty because of this hot weather.

④ 미 투 렛츠 해브 썸씽 투 드링크
Me too. Let's have something to drink.

⑤ 홧 씨즌 이즈 잇 나우 인 잉글랜드
What season is it now in England?

⑥ 잇츠 썸머 나우
It's summer now.

양해를 구할 때

▶말씀 도중에 죄송합니다.
아임 쏘리 투 인터럽트 유
I'm sorry to interrupt you.

▶얼굴(옷차림)이 이래서 죄송합니다.
플리즈 익스큐즈 마이 어피어런스
Please excuse my appearance.

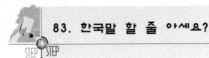
❶ 한국말 할 줄 아세요?

❷ 썩 잘하진 못합니다. 조금합니다.

❸ 한국에 오신지 얼마나 되셨습니까?

❹ 6개월 됐습니다.

❺ 한국에서 재미있게 지내십니까?

❻ 예, 그렇습니다.

한국과 저희 나라는 여러 가지 면에서
차이점이 있습니다.

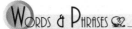

WORDS & PHRASES ㉜

• difference : 차이
• aspect : 양상, 국면

캔 유 스픽 코리언
Can you speak Korean?

① 캔 유 스픽 코리언
Can you speak Korean?

② 낫 베리 웰 져스트 어 리틀
Not very well. Just a little.

③ 하우 롱 해브 유 빈 인 코리아
How long have you been in Korea?

④ 아이브 빈 히어 훠 씩스 먼쓰
I've been here for six months.

⑤ 아 유 인조잉 인 코리아
Are you enjoying in Korea?

⑥ 예스 아이 엠
Yes, I am.

데어 아 디훠런시스 비투인 코리아 앤드
There are differences between Korea and

마이 컨츄리 인 매니 애스펙츠
my country in many aspects.

❶ 당신은 한국을 어떻게 생각하십니까?

----

❷ 한국은 참 아름답다고 생각합니다.

　많은 아름다운 산들과 강들이 있고요.

----

❸ 당신은 한국의 날씨를 좋아합니까?

----

❹ 예, 그렇습니다.

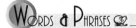

WORDS & PHRASES

- mountain : 산
- river : 강
- spring : 봄, 용수철

두 유 라이크 코리언 웨더
Do you like Korean weather?

❶ 홧 두 유 씽크 오브 코리아
What do you think of Korea?

❷ 아이 씽크 코리아 이즈 베리 비우티풀
I think Korea is very beautiful.

데어 아 매니 비우티풀 마운튼즈 앤드 리버즈
There are many beautiful mountains and rivers.

❸ 두 유 라이크 코리언 웨더
Do you like Korean weather?

❹ 예스 아이 두
Yes, I do.

가벼운 사과

▶ 죄송합니다. 미안합니다.
익스큐즈 미
Excuse me.

▶ 죄송합니다. 미안합니다.
파어든 미
Pardon me.

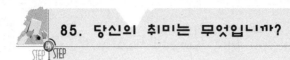

85. 당신의 취미는 무엇입니까?

STEP STEP ◀

❶ 당신은 저의 취미가 먼지 아십니까?

❷ 아니오, 모르겠는데요. 멉니까?

❸ 저의 취미는 성냥갑을 모으는 것입니다.

난 세계 전역으로부터 성냥갑을 모았습니다.

❹ 당신은 언제부터 모으기 시작했습니까?

❺ 어릴때 부터요.

WORDS & PHRASES 32

- hobby : 취미
- collect : 모으다
- match box : 성냥갑
- world : 세계
- childhood : 어린시절

190

왓 이즈 유어 하비
What is your hobby?

1 두 유 노우 왓 마이 하비 이즈
Do you know what my hobby is?

2 노우 아이 돈 왓 이즈 잇
No, I don't. What is it?

3 마이 하비 이즈 콜렉팅 매취 박시즈
My hobby is collecting match boxes.

아이브 갓 더 매취 박시즈 후럼 올 오우버 더 월드
I've got the match boxes from all over the world.

4 웬 디 쥬 스타트 콜렉팅 뎀
When did you start collecting them?

5 인 마이 차일드훗
In my childhood.

사과에 대한 응답

▶괜찮습니다.
노우 프라블럼
No problem.

▶관계 없습니다.
댓쓰 오 라잇
That's all right.

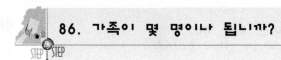

❶ 가족이 몇 명이나 됩니까?

❷ 5명입니다.

아버지, 어머니, 누나, 형님, 그리고 접니다.

❸ 당신의 누나는 결혼하셨습니까?

❹ 예, 그렇습니다.

그녀는 10년 전에 결혼했어요.

WORDS & PHRASES ⚙32

• nephew : (남자)조카
• ago : 전
• get married : 결혼하다

하우 매니 훼밀리 멤버즈 두 유 해브
How many family members do you have?

① 하우 매니 훼밀리 멤버즈 두 유 해브
How many family members do you have?

② 아이 해브 화이브
I have five

마이 화더 마더 씨스터 브라더 앤드 미
My father, mother, sister, brother and me.

③ 이즈 유어 씨스터 매리드
Is your sister married?

④ 예스 쉬 이즈
Yes, she is.

쉬 갓 매리드 텐 이어즈 어고우
She got married ten years ago.

사과에 대한 응답

▶있을 수 있는 일이지요.

댓쓰 콰잇 파써블
That's quite possible.

▶누구나 그럴 수 있는걸요.

댓 캔 해펀 투 애니원
That can happen to anyone.

---

87. 연주회가 곧 시작될거에요.

❶ 관중이 상당하군요!

❷ 연주회가 곧 시작될거에요.

❸ 오, 지금 지휘자가 나오고 있어요.

❹ 첫번째 곡목이 뭐죠?

❺ 쇼팽의 야상곡입니다.

❻ 당신은 어떤 종류의 음악을 좋아합니까?

❼ 고전 음악을 좋아합니다.

WORDS & PHRASES

- concert : 연주회
- soon : 곧
- conductor : 지휘자

194

더 콘써트 윌 버긴 순
The concert will begin soon.

1 하우 크라우디드 잇 이즈
How crowded it is!

2 아이 빌리브 더 콘써트 윌 비긴 순
I believe the concert will begin soon.

3 오우 데어즈 더 콘덕터 나우
Oh, there's the conductor now.

4 홧츠 더 훠스트 실렉션
What's the first selection?

5 잇츠 쇼팽스 낙턴
It's Chopin's Nocturne.

6 홧 카인드 오브 더 뮤직 두 유 라이크
What kind of the music do you like?

7 아이 라이크 클래식컬 뮤직
I like classical music.

WORDS & PHRASES ♫

- selection : 곡목
- Nocturne : 야상곡
- classical : 고전의

연주회 **195**

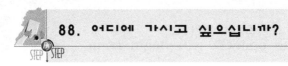
❶ 저와 함께 드라이브 하는게 어때요?

----

❷ 좋아요, 당신은 어디에 가시고 싶으세요.

----

❸ 천안에 가고 싶어요.

----

❹ 드라이브 하기가 좋은 장소입니다.

----

❺ 예, 천안은 아름다운 나무들로 유명하죠.

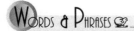

WORDS & PHRASES 🖉

- drive : 운전하다
- be located in~ : ~에 위치하다
- How about~? : ~ 하는게 어때?

웨어 우 쥬 라이크 투 고우
Where would you like to go?

① 하우 어바웃 드라이빙 어 카 위드 미
How about driving a car with me?

② 오우 케이 웨어 우 쥬 라이크 투 고우
O.K. Where would you like to go?

③ 위 원 투 고우 투 천안
We want to go to Chun An.

④ 이즈 잇 어 굿 플레이스 투 드라이브
Is it a good place to drive?

⑤ 예스 천안 이즈 웨이머스 훠 비우티풀 츄리즈
Yes, Chun An is famous for beautiful trees.

사과에 대한 응답

▶신경 쓰지마라, 괜찮다.
네버 마인드
Never mind.

▶중대한 일이 아닙니다.
잇 다즌 매러
It doesn't matter.

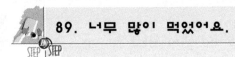

89. 너무 많이 먹었어요.

STEP STEP ◀

❶ 공원에 갈까요?

❷ 전 너무 많이 먹었어요.

꼼짝도 못하겠어요.

❸ 과식하지 말라고 충고했잖아요.

❹ 그러나 식탁에 맛있는 음식들이 아주 많았어요.

과식하지 않을 수 없었어요.

❺ 과식하는 것은 건강에 좋지 않습니다.

WORDS & PHRASES

- park : 공원
- health : 건강
- never : 결코 ……아니다

198

아이 에잇 투 머취
I ate too much

① 쉘 위 고우 투 더 파크
Shall we go to the park?

② 아이 에잇 투 머취
I ate too much.

아이 네버 무브
I never move.

③ 아이 어드바이스 유 낫 투 잇 투 머취
I advised you not to eat too much.

④ 밧 데어 워 얼 랏 오브 딜리셔스 훗 온 더 테이블
But there were a lot of delicious food on the table.

아이 쿠든 헬프 이팅 투 머취
I couldn't help eating too much.

⑤ 잇 이즈 낫 굿 휘 어스 투 오우버잇 휘 헬쓰
It is not good for us to overeat for health.

WORDS & PHRASES ㉜

- **advise** : 충고하다
- **delicious** : 맛있는
- **overeat** : 과식하다

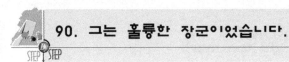
❶ 당신은 이순신장군에 대해서

들어 본 적이 있으십니까?

❷ 아니오, 들어 보지 못했습니다.

❸ 그는 한국의 훌륭한 장군이었습니다.

❹ 그가 뭘 했는데요.

❺ 그는 전쟁에서 일본 해군을 무찔렀어요.

WORDS & PHRASES ㉜

- turtle-boat : 거북선
- general : 장군
- Navy : 해군
- war : 전쟁

히 워즈 어 그레이트 제너럴
He was a great General

① 해브 유 에버 허드 오브 제너럴
Have you ever heard of General

이 순 신
Lee Soon Shin?

② 노우 아이 해브 네버 허드 오브 힘
No, I have never heard of him.

③ 히 워즈 어 그레이트 제너럴 인 코리아
He was a great General in Korea.

④ 홧 디드 히 두
What did he do?

⑤ 히 디휘티드 저패니즈 네이비 인 더 워
He defeated Japanese Navy in the war.

사과에 대한 응답

▶그 까짓 일로 걱정마라.
도운 워리 유어세읍 오우버 써치 어 추라이플
Don't worry yourself over such a trifle.

▶나는 벌써 기분을 풀은걸요 뭐.
아이브 오레디 디벌티드 마이쎄읍
I've already diverted myself.

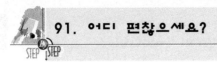
❶ 얼굴이 창백해 보입니다.

　어디 편찮으세요?

----

❷ 현기증이 나요.

　지금 다이어트 중이거든요.

----

❸ 왜요?

----

❹ 제 체중을 줄여야 해요.

　전 너무 뚱뚱하거든요.

----

❺ 아닙니다. 당신은 딱 알맞아요.

아 유 씨크
Are you sick?

1 유 룩 페일
You look pale.

아 유 씨크
Are you sick.

2 아이엠 디지
I am dizzy.

아이 엠 온 어 다이어트
I am on a diet.

3 화이
Why?

4 아이 해브 투 디미니쉬 마이 웨잇
I have to diminish my weight.

아이브 비컴 투 홧
I've become too fat.

5 노우 유 아 져스트 라이트
No, you are just right.

❶ 전 겨울을 좋아하지 않아요.

❷ 왜요?

❸ 전 겨울엔 항상 독감이 걸리거든요.

❹ 지금 감기 드셨어요?

❺ 물론이죠, 열도 있어요.

❻ 봅시다. 열이 높군요.

WORDS & PHRASES

• temperature : 온도
• high : 높은
• bad cold : 독감
• fever : 열
• touch : 만지다

유 해브 어 하이 템퍼리처
You have a high temperature

1 아이 돈 라이크 윈터
I don't like winter.

2 화이
Why?

3 아이 올웨이즈 해브 어 배드 콜드 인 윈터
I always have a bad cold in winter.

4 두 유 해브 어 콜드 나우
Do you have a cold now?

5 오브 코오스 아이 해브 어 휘버
Of course. I have a fever.

6 렛 미 터취 유 해브 어 하이 템퍼리처
Let me touch. You have a high temperature.

도움이나 친절에 대하여

▶당신의 친절에 깊이 감사합니다.
아이 딥플리 어프리쉬에잇 유어 카인드니스
I deeply appreciate your kindness.

▶도와 주셔서 대단히 고맙습니다.
땡큐 베리 마치 포 유어 해웁
Thank you very much for your help.

❶ 무엇을 도와드릴까요?

❷ 기분이 언짢습니다.

❸ 어디가 아프세요?

❹ 위가 아파요.

❺ 약 좀 주세요.

❻ 예.

❼ 감사합니다.

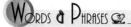

WORDS & PHRASES ㉜

- medicine : 약
- feel : 느끼다
- problem : 문제

플리즈 기브 미 썸 메디슨
Please give me some medicine?

① 홧 캔 아이 두 훠 유
What can I do for you?

② 아이 휠 배드
I feel bad.

③ 홧 씸즈 투 비 더 프라블름
What seems to be the problem?

④ 아이 해브 어 스토막에이크
I have a stomachache.

⑤ 플리즈 기브 미 썸 메디슨
Please give me some medicine.

⑥ 예스
Yes.

⑦ 땡 큐
Thank you.

WORDS & PHRASES 32

• stomach : 위
• stomachache : 위통

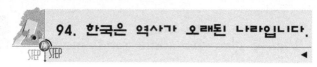

94. 한국은 역사가 오래된 나라입니다.

❶ 당신은 무엇을 읽고 계십니까?

❷ 한국 역사책요.

❸ 재미있습니까?

❹ 예, 한국은 역사가 오래된 나라입니다.

   그래서 읽을거리가 많습니다.

❺ 다 읽으신 후에 제게 좀 빌려주세요.

WORDS & PHRASES 92

- history book : 역사책
- interesting : 재미있는
- there are~ : ~이 있다
- lend : 빌려주다
- after : ~후에

코리아 해즈 어 롱 히스토리
Korea has a long history.

①
화 아 유 리딩
What are you reading?

②
코리언 히스토리 북
Korean history book.

③
이즈 잇 인터레스팅
Is it interesting?

④
예스 코리아 해즈 어 롱 히스토리
Yes, Korea has a long history.

쏘우 데어 아 얼 랏 오브 씽즈 투 리드
So, there are a lot of things to read.

⑤
플리즈 렌드 잇 투 미 애후터 유 리드 오우버
Please lend it to me afrer you read over.

도움이나 친절에 대하여

▶조언해 주셔서 고맙습니다.
땡큐 포 더 팁
Thank you for the tip.

▶위로해 주셔서 깊이 감사합니다.
아이 딥플리 어프리쉬에잇 유어 칸서래이션
I deeply appreciate your consolation.

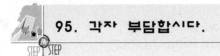

95. 각자 부담합시다.

❶ 이곳은 참 좋은 중국 음식점이예요.

❷ 예. 음식이 매우 맛있군요.

❸ 이번 저녁 제가 사지요.

❹ 아니오, 제가 이번엔 내겠습니다.

❺ 좋은 생각이 있습니다.

각자 부담합시다.

❻ 좋아요.

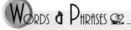

- Chinese restaurant : 중국 음식점
- food : 음식
- dinner : 저녁

렛츠 고우 덧취
Let's go dutch.

① 디스 이즈 어 굿 차이니즈 레스터런트
This is a good Chinese restaurant.

② 예스 더 풋 이즈 베리 딜리셔스
Yes, the food is very delicious.

③ 디스 디너 이즈 온 미
This dinner is on me.

④ 노우 아이 윌 페이 디스 타임
No, I will pay this time.

⑤ 아이 해브 어 굿 아이디어
I have a good idea.

렛츠 고우 덧취
Let's go dutch.

⑥ 올 라잇
All right.

WORDS & PHRASES ✒

- pay : 지불하다
- Dutch : 네덜란드
- Let's go dutch : 각자 부담하자

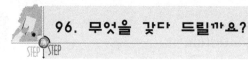

96. 무엇을 갖다 드릴까요?

STEP STEP ◄

❶ 다시 만나 뵙게 되서 기쁩니다.

❷ 저를 초대해 주셔서 감사합니다.

❸ 무엇을 갖다 드릴까요?

마실것 좀 드시겠어요?

❹ 우유 한잔만 주세요.

❺ 여기 있습니다.

❻ 감사합니다.

WORDS & PHRASES 😊

- get : 얻다, 가져가다
- a glass of : 한 잔
- Here you are : 여기 있습니다(물건을 갖다 주며)

212

홧 캔 아이 겟 츄
What can I get you?

① 잇츠 어 플레져 투 씨 유 어겐
It's a pleasure to see you again.

② 땡큐 휘 인바이팅 미
Thank you for inviting me.

③ 홧 캔 아이 겟 츄
What can I get you?

우 쥬 케어 휘 어 드링크
Would you care for a drink?

④ 져스트 어 글래스 오브 밀크 플리즈
Just a glass of milk, please.

⑤ 히어 유 아
Here you are.

⑥ 땡스 얼 랏
Thanks a lot.

WORDS & PHRASES ☜

- a lot : 많은
- invite : 초대하다
- pleasure : 기쁨

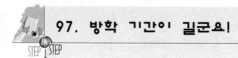
❶ 전 곧 겨울방학을 맞이하게 되요.

❷ 언제부터 시작되는데요?

❸ 다음 주 월요일부터 시작됩니다.

❹ 얼마 동안입니까?

❺ 두 달간요.

❻ 방학 기간이 길군요!

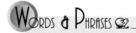

WORDS & PHRASES

• winter vacation : 겨울방학
• How long~ : 얼마나 오랫동안 ~

홧 어 롱 베이케이션
What a long vacation!

1 아일 해브 윈터 베이케이션 순
I'll have winter vacation soon.

2 웬 더즈 잇 스타트
When does it start?

3 잇 스타츠 넥스트 먼데이
It starts next Monday.

4 하우 롱 이즈 잇
How long is it?

5 투 먼쓰
Two months.

6 홧 어 롱 베이케이션
What a long vacation!

길을 물을 때와 안내할 때

▶중앙 우체국까지는 몇 정거장입니까?
하우 매니 스땁스 비포 더 쎈추럴 포우스트 오피스
How many stops befor the central post office?

▶다섯 정거장 됩니다.
파이브 스땁스
Five stops.

98. 스케이트 탈 줄 아십니까?

❶ 스케이트 탈 줄 아십니까?

❷ 예, 탈 줄 압니다.

전 스케이팅을 좋아합니다.

❸ 스케이팅은 겨울에 매우 인기가 있지요. 그렇죠?

❹ 예, 그렇습니다.

많은 학생들이 겨울방학에

얼음판에서 스케이트를 타지요.

WORDS & PHRASES ✑

- skate : 스케이트
- on the ice : 빙판에서, 얼음판에서
- Many : 많은

캔 유 스케이트
Can you skate?

① 캔 유 스케이트
Can you skate?

② 에스 아이 캔
Yes, I can.

아이 라이크 스케이팅
I like skating.

③ 스케이팅 이즈 베리 파퓰러 인 윈터 이즌 잇
Skating is very popular in winter, isn't it?

④ 예스 잇 이즈
Yes, it is.

매니 스튜던츠 스케이트 온 디
Many students skate on the

아이스 인 윈터 베이케이션
ice in winter vacation.

길을 물을 때와 안내할 때

▶실례합니다. 이 길이 YMCA로 가는 길입니까?
익스큐즈 미 이즈 디스 더 라잇 웨이 투 더 YMCA
Excuse me. Is this the right way to the YMCA?

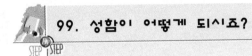

❶ 성함이 어떻게 되시죠?

❷ 박진호입니다.

❸ 여기 1101호실 열쇠 받으세요.

호텔 보이가 짐을 들어드릴 겁니다.

뭔가 필요한 게 있으시면 절 불러주세요.

❹ 감사합니다. 당신은 참 친절하시군요.

WORDS & PHRASES

- key : 열쇠
- bellboy : 호텔보이
- baggage : 짐
- kind : 친절한
- natural : 당연한

218

메이 아이 해브 유어 네임
May I have your name?

메이 아이 해브 유어 네임
① May I have your name?

박 진 호
② Park Jin ho.

히어즈 유어 키 훠 룸 원원오원
③ Here's your key for room 1101.

어 벨보이 윌 헬프 유 위드 유어 배기지
A bellboy will help you with your baggage.

이후 유 니드 썸씽 콜 미
If you need something, call me.

땡 큐 유 아 베리 카인드
④ Thank you. You are very kind.

길을 물을 때와 안내할 때

▶좀 지나쳐 오셨습니다. 오던길을 2, 3분 도로 가십시오.

유브 컴 투 파어 우오크 빽 어 퓨 미닛쓰
You've come too far. Walk back a few minutes.

▶앞에 간판이 보일겁니다.

유일 씨 어 싸인 인 프론트
You'll see a sign in front.

❶ 어디 가실려고 합니까?

❷ 제 친구 집에 갈려고 합니다.

오늘이 그 친구 생일이거든요.

❸ 아, 알겠습니다.

그런데 언제 돌아올 겁니까?

❹ 잘 모르겠어요.

그러나 가능하면 일찍 돌아오도록 해야죠.

❺ 재미있게 보내세요.

❻ 감사합니다.

해브 어 굿 타임
Have a good time.

① 훼어 아 유 고잉
Where are you going?

② 아이 엠 고잉 투 마이 후렌즈 하우스
I am going to my friend's house.

투데이 이즈 히즈 버쓰데이
Toay is his birthday.

③ 오우 아이 씨
Oh, I see.

바이 더 웨이 휀 윌 유 컴 백
By the way, when will you come back?

④ 아이 엠 낫 슈어
I am not sure.

밧 아이 윌 츄라이 투 컴 백 얼리 이프 파써블
But I will try to come back early if possible.

⑤ 해브 어 굿 타임
Have a good time.

⑥ 땡 큐
Thank you.

❶ 이번이 비행기 여행 처음하시는 겁니까?

❷ 아니오. 5번째입니다.

❸ 비행기 타시는 게 두려우세요?

❹ 아니오, 아주 즐겁습니다.

❺ 당신은 영국 어디를 가시는 겁니까?

❻ 런던에요.

❼ 얼마나 머물겁니까?

❽ 약 4개월요.

하우 롱 윌 유 스테이
How long will you stay?

① 이즈 디스 유어 훠스트 홀라잇
Is this your first flight?

② 노우 디스 이즈 마이 휘후쓰
No. This is my fifth.

③ 아 유 어후레이드 투 폴라이
Are you afraid to fly?

④ 노우 아이 엠 베리 플레즌트
No. I am very pleasant.

⑤ 훼어 아 유 고잉 인 잉글런드
Where are you going in England?

⑥ 투 런던
To London.

⑦ 하우 롱 윌 유 스테이
How long will you stay?

⑧ 어바웃 훠 먼쓰
About four months.

┌─────────┐
│ 판 권   │
│ 본 사   │
│ 소 유   │
└─────────┘

(포켓) O.K 영어회화

2018년 12월 20일 인쇄
2018년 12월 30일 발행

지은이 | 국제언어교육연구회
펴낸이 | 최   원   준

펴낸곳 | 태 을 출 판 사
서울특별시 중구 다산로38길 59(동아빌딩내)
등 록 | 1973. 1. 10(제1-10호)

ⓒ2009. TAE-EUL publishing Co.,printed in Korea

■ **주문 및 연락처**
우편번호 [0][4][5][8][4]
서울특별시 중구 다산로38길 59 (동아빌딩내)
전화 : (02)2237-5577   팩스 : (02)2233-6166

ISBN 978-89-493-0551-6   13740